中国猎头30年

蒋 倩 ◎ 著

内 容 简 介

本书的宗旨是帮助行业内外的人更了解猎头行业、更了解猎头行业在我国的发展历程，尤其是民营猎企的发展历程，从中折射我国的经济发展成果，说明个人命运与国家命运的息息相关。与此同时，让行业外的人、行业内的新人们更多地看到行业面临的问题、挑战，以及行业前辈们的看法、观点，从猎头行业创业者的人生故事中汲取精神力量。

图书在版编目(CIP)数据

中国猎头 30 年 / 蒋倩著. — 北京：北京大学出版社，2023.4
ISBN 978-7-301-33734-9

Ⅰ.①中… Ⅱ.①蒋… Ⅲ.①人才管理－历史－中国 Ⅳ.① C962-092

中国国家版本馆 CIP 数据核字 (2023) 第 028560 号

书 名	中国猎头30年 ZHONGGUO LIETOU 30 NIAN
著作责任者	蒋 倩 著
责任编辑	滕柏文
标准书号	ISBN 978-7-301-33734-9
出版发行	北京大学出版社
地 址	北京市海淀区成府路205 号　100871
网 址	http://www.pup.cn　新浪微博：@ 北京大学出版社
电子信箱	pup7@ pup.cn
电 话	邮购部 010–62752015　发行部 010–62750672　编辑部 010–62570390
印 刷 者	三河市博文印刷有限公司
经 销 者	新华书店
	880毫米×1230毫米　32开本　6.75印张　160千字 2023年4月第1版　2023年4月第2次印刷
印 数	3001–5000 册
定 价	49.00 元

未经许可，不得以任何方式复制或抄袭本书之部分或全部内容。
版权所有，侵权必究
举报电话：010–62752024　电子信箱：fd@pup.pkv.edu.cn
图书如有印装质量问题，请与出版部联系。电话：010–62756370

谨以此书,献给所有为中国猎头行业发展做出过贡献的人们,和正在中国猎头行业中默默耕耘的人们!

FOREWORD 推荐序

人才是第一资源，经济的发展离不开人才的支撑，人力资源服务业作为国际朝阳产业，在人力资源配置与开发中发挥着基础且重要的作用。猎头服务作为人力资源服务行业的高端服务产品，能够从全球获取产业发展需要的投资人才、策划人才、招商人才和运营人才，助推经济发展。

本书作者从自身角度出发，回顾了我国猎头行业 30 年的发展历程，积极探索和总结了我国猎头行业 30 年的发展经验，具有十分重要的意义。希望业内同仁能够更多地总结中国人力资源服务行业发展模式和成功经验，真正推动我国经济发展。

上海人才服务行业协会秘书长
朱庆阳

1978年，党的十一届三中全会拉开了中国改革开放的大幕，四十余年来，中国经济的总体走势可以用"惊人"一词来形容。

在发展过程中，人们的目光常被那些"大行业"吸引，我们看到了高铁的速度、外卖的便捷、创业园区的现代化，却很少留意这些高新技术行业背后的基础制造业、服务业；同样，人们的目光常被那些知名人物吸引，我们敬佩缔造华为的任正非，我们熟悉改革格力的董明珠，我们把小米的雷军称为"雷布斯"……却很少关注那些平凡岗位上的无名劳动者。其实，每个行业都有自己的领军人物，每个行业都有自己的动人故事。

如今，中国是世界上罕见的拥有全产业链的国家。在联合国产业分类所列的41个工业大类、207个工业中类、666个工业小类中，中国拥有全部工业门类。在第一产业（农业）、第二产业（工业）的发展过程中，第三产业（服务业）也对国家的整体发展起到了极大的支持和推动作用，这其中就包括猎头行业。

作为人力资源外包服务业的分支，中国的猎头行业从业人数在30万左右，可以说是一个在人数上可以被忽略不计的行业，但是，正是这个行业，"掌握"着全国中高端人才的流动方向，也正是这个行业，见证了中国经济发展中人才市场的风云起伏。

作为这个行业的一员，在其30周岁之际，我想尽可能客观地记录下它的发展历程，以及参与了其发展的那些人。我希望以一个小众视角，记录中国经济发展的这些年，也希望更多人在了解这个行业后，愿意加入其中，一起推动猎头行业在我国的可持续发展。

在这本《中国猎头30年》中，介绍的主要是国内具有代表性的民营猎企，并对外资猎企、人力资源集团等行业共建者进行了有限的概述。

限于个人学识和能力，本书所述难免有疏漏，欢迎大家交流分享；因为行业内公司众多，无法一一囊括、介绍，恳请各位见谅。

祝愿读者朋友们都能投入自己热爱的行业，有一分光就发一分光，有一分热就发一分热，在自己的职场之路上做到"成人达己，利国利民"，在平凡的人生中抒写属于自己的不凡篇章！

作者按：《中国猎头30年》中讲述的猎企，以国内具有代表性的民营猎企为主，并对外资猎企、人力资源集团等行业共建者进行了部分收录。此外，书内的"猎头"定义取其广义，俗称"白领（人才）""金领（人才）"。

Part 01 第一部分 1993—1995年——中国猎头行业发展的萌芽期

- 1993—1995年：一个行业的开启　002

Part 02 第二部分 1996—2007年——中国猎头行业的第一个发展期

- 1996—2001年：摸着石头过河　008

  1996年，两家巨头的诞生　008

  1997年，无人在意的行业　011

  1998年，到大上海去　015

  1999年，小镇青年和海归精英的共同选择　019

  2000年，置身互联网泡沫之外　023

  2001年，没有明星的一年　025

- 1996—2001年总结：草根创业的新选择　029

- 2002—2007年：外资领跑　035

  2002年，外资猎头大举进入　035

  2003年，是制造业还是地产业　038

  2004年，服务IT行业变为服务互联网行业？　042

  2005年，猎头业务以外　045

  2006年，又一家内生性公司诞生了　051

  2007年，有人开始注意PS模式　054

- 2002—2007年总结：外资猎头VS内资猎头　059

第三部分　2008—2017年——中国猎头行业发展的第一个高峰期

- 2008—2012年：制胜的秘诀　065

  2008年，创新者初登台　065

  2009年，危中有机，新人涌入　072

  2010年，从外资客户到民营客户　079

  2011年，猎头走入大众视野　083

  2012年，专注专业　089

- 2008—2012年总结：无人不在经济周期内　098

- 2013—2017年：自己干？上平台干？　101

  2013年，离开大平台潮　101

  2014年，专注型猎企扎堆出现　107

  2015年，模式创新潮开启　113

  2016年，投资人无处不在　122

2017 年，科锐国际上市了　128

2013—2017 年总结：唯一不变的，是变化　135

Part 04 第四部分　2018—2022 年——猎头行业的巨变初期

2018—2022 年：科技驱动？资本驱动？　151

2018 年，成立一年营收破亿不是梦　151

2019 年，资本的力量　158

2020 年，冰火两重天　163

2021 年，新的风口　173

2022 年，多重挑战　183

2018—2022 年总结：未来在哪，谁主沉浮？　191

后记及鸣谢　198

Part 01
第一部分

1993—1995 年
——中国猎头行业发展的萌芽期

1993—1995 年：
一个行业的开启

1992 年 10 月，中国共产党第十四次全国代表大会明确提出我国经济体制改革的目标是建立社会主义市场经济体制。在 1993 年 2 月的全国两会（中华人民共和国全国人民代表大会和中国人民政治协商会议的统称，以下简称两会）上，代表们就餐时第一次不再需要缴纳粮票（如图 1-1 所示），也是在这次两会上，有 50 多名民营企业家第一次走进全国政协会议（中国人民政治协商会议，以下简称全国政协会议）会场。

图 1-1　全国通用粮票

最值得注意的是，这一年，外资公司蜂拥而入。1993 年，可以被看成是跨国公司在华大规模投资的初始之年。《中国统计年鉴 2021》显示，1979—2000 年，中国累计吸引外资约 3500 亿美元，大部分是在 1992

第一部分 1993—1995 年
——中国猎头行业发展的萌芽期

年以后发生的，1992—2000 年，外资累计流入量约占总量的 93%。1993 年年底，合同外资额达到 1000 多亿美元，实际利用外资 270 亿美元，几乎都是上一年的两倍。

也是在这一年，中国第一家猎企北京泰来猎头咨询事务所（以下简称泰来）在北京成立了。创始人纪云（如图 1-2 所示）称这个名字既象征"否极泰来"，又是英文"Talent"（天才）的谐音。事务所面积不到 12 平方米，平房招牌上粗糙地写着"泰来猎头"四个字。有的人以为是饭馆，有的人以为是卖装饰品的小店，当时，恐怕没有几个人会想到这是一家猎企。（1992 年，沈阳维用科技公司成立"猎头部"，作为这家新加坡集团沈阳分公司内设的一个部门，这是中国猎头发展史的起源）

图 1-2　北京泰来猎头咨询事务所创始人纪云

注：图片由纪云先生提供，取材于 2004 年中央电视台某专访

纪云第一次听说"猎头"这个词是在1991年。当时，他在《读者文摘》上看到一个"豆腐块"文章，上面写着猎头行业在美国、中国香港等国家、地区的发展，这给他留下了深刻的印象。纪云自19岁起在中专院校担任班主任，27岁时"下海"，进入公司，做办公室主任，对和人打交道这件事非常感兴趣。

头脑灵活的纪云在深入地了解了猎头的工作内容后，在1993年的时代大背景下勇敢地成为"第一个吃螃蟹"的人。此后，他一直被称为"中国猎头界第一人"，这个荣誉光环和"业内前辈"的称谓，一直伴随着他，走到了2020年公司歇业那天（泰来前台如图1-3所示）。

图1-3　北京泰来猎头咨询事务所前台

虽然泰来是中国第一家猎企，但它没有成为最长寿的猎企，也没有成为后续这些年里最知名的猎企，更没有成为最早上市的猎企。不知纪云先生在决定歇业时内心是怎样的滋味。

似乎，各行业的先驱者大多是悲壮的，鲜少有名利双收、功成身退的。相较而言，泰来虽然没有做成一家大公司，它的开创者却一直享有尊名和人们的尊重。作为占得先机的一批人，猎头行业的创业者们赶上了中国30年高速发展的经济大周期，不少人实现了财务安全及基本的财务自由。

1993年，外资猎企的先驱已经进入中国，开设办事处，如雷伯逊咨询顾问公司、宝鼎国际咨询有限公司（Boyden）。自20世纪90年代起，全球五大顶级猎企光辉国际、海德思哲、史宾沙、亿康先达和罗盛都陆续进入了中国内地。

随着外资公司的大量涌入，为它们服务的供应商也一一进入，包括负责中高端岗位招聘的猎企。外资巨头们的进入，不仅是因为看到了中国市场的巨大潜力，看到了中国政府改革开放、搞活经济的决心与相应举措，更是因为法律保障得到了进一步落实——1993—1994年，《中华人民共和国公司法》与《中华人民共和国劳动法》相继颁布。

除了上述被誉为"五大"的全球顶级猎企外，综合性的人力资源集团也陆续进入了中国。世界500强人力资源集团、以灵活用工和派遣业务起家的万宝盛华是在1997年进入中国香港的，之后，万宝盛华大中华有限公司在2019年成功登陆港交所。

20世纪90年代，明星公司中有不少民营公司，如海尔、联想、万科等。但恐怕很少有人知道，如今家喻户晓的阿里巴巴集团也是它们的同龄人。

1995年，在杭州，一个叫马云的31岁大学外语教师创办了"中国黄页"网站，它自称第一家网上中文商业信息站点。2014年，阿里巴巴集团正式在纽约证券交易所挂牌上市。

以阿里巴巴集团为首的互联网巨头，开启了互联网行业猎头异军突起的时代。在这之前的十多年间，绝大多数猎头及猎企在服务外资公司，几乎没有人将目光放在本土公司身上，因为那时，国企的任命还是委派制，而民企在进行招聘时，极少考虑使用这个需要收取 1/3 左右人才年薪为佣金的渠道。

随着时代的变迁、国门的开放、产业的升级、技术的革命性发展，经济由粗放型向集约型转变，倒逼公司在人才招聘上做出更大的投入。在这一时代背景下，猎头人得以在更广阔的舞台上施展才华，猎头行业在后续 30 年间，迎来了持续上扬的发展态势。

Part 02
第二部分

1996—2007 年
——中国猎头行业的第一个发展期

1996—2001 年:
摸着石头过河

1996 年,两家巨头的诞生

1996 年,有两家在中国猎头史上举足轻重的公司诞生了。一家是总部在北京的公司,如今的北京科锐国际人力资源股份有限公司(当时叫科锐咨询,以下简称科锐国际),另一家是当时总部在中国香港的伯乐管理有限公司(以下简称伯乐)。可以说,这两家公司都为猎头行业输送了大量人才。

1996 年,锦州人高勇(如图 2-1 所示)专科毕业,因为没有北京户口,他在就业路上备受挫折,误打误撞地进入了一家小型猎企。高勇在半地下室的办公室里工作了 3 个月,由于总是占着电话,他和老板起了冲突,一气之下便离开了。离开后,他找到了锦州驻京办的负责人,在其鼓励及资助下,开办了自己的猎企。彼时的高勇应该不会想到,这家在民宅中诞生的猎企会在 21 年后成为国内第一家人力资源上市公司。

第二部分 1996—2007 年
——中国猎头行业的第一个发展期

图 2-1　高勇创业早期在人才招聘会上

注：图片由科锐国际提供

提起另一家知名猎企伯乐，就不得不先介绍一下曾执掌伯乐多年的 CEO（首席执行官）、创始团队成员庄华，这位知名的猎头人于 2017 年从伯乐卸任，卸任后于 2018 年 1 月 2 日正式运营了上海德筑企业管理有限公司（英文缩写为 CGL，以下简称上海德筑），这是一家由猎聘投资、官网早年曾有"全球高端猎企"这一表述的公司，第一年营收就接近一亿元，震动了全行业。

与纪云和高勇不同的是，上海人庄华是 20 世纪 90 年代初期最早的职业经理人之一，从国际关系学院毕业后，他在上海情报研究所做过研究员、在大通银行做过项目协调人，后来，他帮一个美国朋友在中国做外贸生意，是合资厂的外方首席代表，再后来，他去了三得利集团，做业务拓展副经理。因为有如此丰富的经历，以及优秀的外语能力、谈判协调能力，他作为"猎物"进入了猎头的视野。中国香港资深猎头顾问

Louisa Wong 在劝说庄华接下一家公司的 Offer（录取通知书）无果后，突然转而问他："要不要转型做猎头？"慎重考虑之后，庄华决定加入这位猎头顾问刚创办不久的猎企——伯乐，从此开启了长达二十余年的猎头生涯。

那时，做猎头并不是只需要坐在办公室里打电话，也不是像人们想象中那样，喝着咖啡谈生意。那时，多数猎企没有所谓的人才库，更没有求职网站可用，为了寻找人才，猎头从业者可以说是使出浑身解数。庄华曾在烈日炎炎之下，骑着单车到客户竞争对手的店铺内，以找不到衣服色号为由要求见店长，对店长进行挖猎。

对庄华而言，公司从中国香港进入中国内地后，客户资源还是不错的，一开始，他更多的关注点就在交付。与此同时，对高勇、纪云而言，需要考虑的还是客户从哪里来的问题。在一片蓝海市场里，虽然没有太多的同行竞争，但说服客户接受猎头服务对草根创业者来说并不容易，高勇见到招聘负责人时，通常会问一句："有什么职位是外资猎头没有关掉的，可以给我们试试吗？"（"没有关掉"是业内口语化表达，意为没有招聘到合适的人才。）

凭着"啃硬骨头"的精神，科锐咨询一步步成长为科锐国际。

先驱者们在路上艰难地走着，有的人和他们一样，还在路上，有的人却已经离场。不断地有人入场、有人离场，似乎是每个行业的必然，但不是每个行业都一直有人入场，且在路上的人越来越多。在国内，猎头行业从几个人从业开始，到后来几十万人从业，越来越受到人们的关注，从这个角度说，选择本身没有对错，只是把握住选择并非易事。

伯乐的战略与大多数中国内地猎企任用年轻人的战略不同，它一开始就学习国际猎头的操作方法，即所接单子基本都有预付费（订金），**按人才年薪 28% 左右的比例收费**。伯乐的创始团队成员中，30 岁出头的庄华竟然是最年轻的一个，其他人大多是职业经理人转型，或已做了多年的猎头顾问。在很长一段时间里，即便中国香港早已回归，港资背景的伯乐依然被视为"外资猎企"，而"外资猎头"在国人的心目中一直与"高端职位""资深顾问"画等号。

1996 年这一年，国内消费品市场风起云涌，故事不断，令人津津乐道。但为中国公司的形势进行全景扫描的话，会发现当时的格局算得上是冰火两重天。"冰"的一面，是一直无法从低效率和旧体制中自拔的国有企业集群；"火"的一面，是民营经济在消费品、家电等领域高歌猛进，企业家们有着进入"世界 500 强"的美好憧憬。

每个行业都充满商机，无数人变得迫不及待。扩张，再扩张，企业家们还没有学会控制自己的欲望。日后的事实将证明，在多元化浪潮中，那些失去理智和控制力的企业家们将自食其果。

猎头行业的先驱者们并非高人一筹，仅仅是因为他们基本只服务外资客户，所以幸运地避开了部分"坑"。这并不意味着他们在发展壮大的路上，学会了控制自己的欲望。

1997 年，无人在意的行业

1997 年爆发的亚洲金融危机让亚洲各国不同程度地受创，泰国惨烈，日韩强国也未能幸免。

在过去的十多年里,国内最出色和成长最快的公司大多数出现在日用消费品领域和家用电器领域,但1997年发生的经济崩塌意味着这两大明星产业的"狂飙时代"已经基本结束。猎头从业者们不敢轻易服务民营公司,毕竟,弱小时,让自己活下去是首要任务。

民营猎企的创始人背景各不相同,但大家所服务的公司基本集中于外资公司,这一局面,一直到2008年金融危机后才陆续有所变化。

内资公司对猎头行业了解甚少,需求也几乎没有。一则,那时占经济主导地位的国企的管理层人员大多是委派、委任的,基层人员的流动性很小,多数人没想过放下"铁饭碗";二则,少数放下"铁饭碗"的人大多"下海"经商,成了民企老板,早期都处于野蛮生长阶段,管理层人员不是亲戚、熟人,就是论资排辈的老员工。总之,在国企和民企里,都不存在对职业经理人的招聘需求,更谈不上雇佣猎头去专门招聘这类人了。

在所服务行业的选择上,早期的猎企也是比较趋同的。大家都选择了外资公司相对比较集中的行业,如快速消费品行业(以下简称快消品行业)、医药行业、工业。可以说,老百姓觉得耳熟能详的公司,基本上都在这些行业中,如肯德基、宝洁、柯达、诺基亚、摩托罗拉、波音、福特、大众、西门子、巴斯夫等。

在很长一段时期内,国内猎企几乎都在做外资公司的生意,帮它们招聘双语人才。当然,这些外资公司在用它们的先进技术、产品、管理理念换取我国廉价的高质量劳动力和广大的消费市场的同时,也推动了我国内资公司的发展。一时间，让中国公司的名字被写入世界500强名录成了老一辈企业家的愿望。

在这一阶段，打造世界级、国际化的猎企的梦想也在猎头行业的广大创业者心中埋下了种子，不少人为此奋斗至今。

有人说，中国的"国家队"向来是大多数经济领域的主力军，只有在"国家队"不怎么参与的领域内，民营经济才有机会大展拳脚。这话不无道理，但在国内猎头行业发展的过程中，"国家队"一开始就没有缺席。只是在这个领域里，民营公司因自身的优异表现，吸引了更多人的目光——对于多数人来说，草根创业、白手起家的故事更激动人心。

为了服务外商驻华代表机构及国外公司在国内注册的公司、代表处顺利开展业务，从20世纪80年代起，各地的外服公司相继成立。这些外服公司成立的目的是为上述公司提供各种人力资源外包服务，早年集中于提供劳动关系挂靠、薪酬福利代发放等服务，后来陆续延伸到招聘业务，其中包括猎头业务，即中高端人才的招聘服务。大家熟知的上海外服（集团）有限公司、中国国际技术智力合作集团有限公司，都是很早就成立的国有中介机构。

1997年，特别值得注意的是，一家叫博思的猎企（如今叫博思人才集团，以下简称博思）在河南郑州成立了，它的前身是两年前的博思信息商社。博思的创始人滕超臣的入行充满机缘巧合，甚至可以说是急中生智之举。为了让自己有工可打，他花钱买了电脑，租了办公室，自己找到人力资源服务这条路，初衷是为了替当时经营其他业务不善的老板继续坚守。

这次的亚洲金融危机对于当时的企业主来说是刻骨铭心的。滕超臣在不知不觉中走上了创业路，值得庆幸的是，幸运女神选择了他，他选择起步的城市避开了大城市激烈的竞争，他选择的行业是当时很少有人关注的行业，而且，他是从人才招聘网站、当地的线下招聘会起步的，可以说，一时之间，在当地没有遇到什么强有力的竞争对手，这使得他的公司能够在2004年正式专注于猎头业务领域。

即便国家推动了一批国有性质的中介机构成立，但还远没有普及到所有城市。

与日后回望的其他国内老牌猎企不同的是，滕超臣的公司一开始没有在北京、上海、广州、深圳等一线城市落地，却也发展至今。这样的例子不多见，却也非个例，足以说明我国人力资源行业的市场具有属地化特点。

很多猎企在布局办公地点上有过失败的经历。

对于失败经验的总结，业内普遍认同的观点是败在了因地找人，而非因人设地。换言之，别家猎企在一个城市运营得成功，并非说明这个城市比其他城市更适合布局，只是因为这个城市有合适来运作这项业务的人，他可以招到顾问，也可以拿到职位。很多猎头创业者因为盲目跟风而在选址上吃了不少苦头，"天时、地利、人和，三者不得，虽胜有殃"，这句出自《孙膑兵法·月战》的老话，用在猎头这门生意上真的是再精准不过了。

1998 年，到大上海去

到了 1998 年，1997 年东南亚金融危机的影响开始在我国有了更多显现，我国一向形势不错的出口增长率出现了下降，国内商品库存猛增、消费需求严重不振。

1998 年 1 月，中国香港暴发自 1997 年的禽流感越发严重；同年 6 月，长江流域遭受百年一遇的大洪水，近三十个省市受灾，死亡四千余人，直接经济损失高达数千亿元。当时，全球舆论几乎异口同声地宣称——人民币不贬值，中国经济将举步维艰。这时，国家采取的应对战略是拉动内需。

1997 年，距离宁波人余仲望毕业已有四年，这一年，他来到了上海，因为他的一个大学同学在上海开了一家人才中介公司，希望他加入，一起打拼。想着到大上海闯荡是个不错的选择，余仲望同意了。那天，他走出上海火车站（新客站）时，一抬头就看见了万宝路广告牌，内心顿时升起了万丈豪情。在当时上海最高的波特曼大酒店里转了转后，余仲望坚定了内心的想法："上海如此之大，总有我的一方天地。"

不过，令余仲望没想到的是，1998 年，才过了一年，他的同学便把当时自己创办的思强网（国内第一家人力资源网站）卖给了华南集团，不再做人才中介生意。

同学离开了，入了行的余仲望却依然觉得这是一门好生意。

1998 年 2 月 15 日，上海仲望企业管理咨询有限公司（以下简称仲望咨询）成立。余仲望用三页手写信把自己在国企共事过的同事刘汪洋拉了进来,外加一名女同事 Nancy(南希),三个人在康定花园的洋房里(如图 2-2 所示)开工了。天热时,大家中午想休息,就把几张桌子拼一拼,躺在桌子上睡一觉,下午开工后,余仲望会翻看报纸上的招工广告,把经理及以上级别人员的信息圈出来,一个个电话打过去……在没有系统数据库的年代,余仲望和刘汪洋的大脑就是数据库,他们总是不断地翻看打印出来的简历,进行分门别类的管理,就这样,业务一点点做了起来。

图 2-2 康定花园

如今,康定花园已经是保护性建筑了,当年踏着它的木制老楼梯缓步而上的人才们,不少已经退居二线了。刘汪洋曾在一次采访中提到,当年,他拿着月薪几千元的薪水,面试月薪两万元的外资人力经理,十年后,那位经理的薪资水平和当年差不多,他却早已成了老板。当然,做老板的代价是很大的,毕竟,创业是九死一生的事。多年后,刘汪洋依旧记得自己骑着自行车穿过农田,去给客户送发票的日子,那天天气晴朗、微风徐徐,虽然只是拿着一张不足万元的票据,但迎着微风的刘汪洋觉得,整个世界都在他手中,前途一片光明。的确,直至今日,他和余仲望都依旧活跃在人力资源领域的舞台上。

所以,打工和创业,哪个更难呢?

同年,在拉动内需的大战略下,国家出台了一个重大决策——启动房地产市场化改革。

中国开始了长达二十余年的地产热,无数财富故事在这个领域中演绎着。在这样的背景下,南下深圳的郭展序在一家地产公司做了两年人力资源高级经理后,转身于2001年4月18日开了一家叫展动力人才资讯(中国)有限公司的猎企(如今叫展动力人才集团,以下简称展动力),"展动力"这个名字是他冲凉时的灵感之作。

展动力的猎头业务一开始就聚焦地产行业(第一次在招聘会上亮相的展动力如图2-3所示)。在未来的很多年里,随着行业不断升温,地产团队一直是展动力的主力团队。郭展序切入地产行业的时机足够早,比不少后来者早了十年有余,这为展动力在中国南方成长为一家大的猎企奠定了天时、地利。用郭展序自己的话说,我们公司一开始就做大单、成大单,我们是有大单基因的。的确,相较于传统的制造业、快消品行业,地产人才拿到百万年薪并不罕见。

图 2-3 招聘会上的展动力

注：图片由展动力提供，是展动力成立之后第一次在招聘会上公开亮相

这一点和后来的互联网行业类似，可以说，这两个行业成就了一大批高业绩顾问，也成就了一大批依托这两个行业起步的猎企。只不过，多数人的涌入还在十年之后。

这一年，开业已经 5 年的泰来渐入佳境，不仅有相对稳定的客源，业务流程也越来越专业化。可以说，纪云对服务质量的要求是很严苛的，这位有着艺术家气质的创始人对于品控的执着带有一些近乎偏执的坚持。正如他认为星巴克咖啡这类速冲咖啡根本不能算咖啡一样，对于简历推送式猎头，他嗤之以鼻。他把自己对于专业的坚持与对于业务的思考写入了《泰来经律》，只是，没有人想到，这本册子的对外流传是因为泰来的落幕。

可以说，即便荣誉等身、办公室门口奖牌累累，作为北京市知名猎企，泰来依旧没有跟上时代的步伐。它的创始人选择了不妥协，但个人并无不妥协于时代变化的资本,个人意志是很难与群体需求对抗的。其实,究竟是质量第一还是速度第一,市场是需要专业服务式顾问还是需要简历传递式顾问,在供需关系的博弈下很难有定论,有的只是谁能适应变化,在变化中活下来。

纪云少了那么一点变通,而商人是最需要灵活变通的一类人。

1999 年,小镇青年和海归精英的共同选择

1999 年是新中国成立 50 周年的大庆之年。

1999 年 11 月,一张真正的全球化"门票"终于预售成功——这一年,中国与美国正式达成协议,后者表示支持中国进入 WTO(世界贸易组织)。

在多数老百姓还不清楚互联网是什么的时候,一批嗅觉敏锐的人已经投身互联网了。丁磊、王志东和张朝阳的出现,宣告中国互联网元年(1997 年)的到来。两年后的 1999 年,更多聪慧的人看到了互联网带来的希望——中国公司在全球经济领域找到了打破疆域和重建游戏规则的可能。

1999 年 1 月 13 日,《中华工商时报》公布了当时国内十大商业网站的名单,分别是新浪、163 电子邮局、搜狐、网易、中国网、人民日报网站、上海热线、ChinaByte(比特网)、首都在线和雅虎中国。一年后,新浪在纳斯达克上了市。

1999 年 11 月,有过多年个体书商经验的李国庆和他的海归妻子俞

渝联手创办了从事网络图书销售的当当网。同月，陈天桥向别人借了50万元，创办了上海盛大网络发展有限公司。

这一年，互联网热刚刚在国内兴起，13年后，这股热潮才真正吹进猎头行业。在此之前，大多数猎企服务的是IT行业，而非互联网行业。换言之，在此之前，猎企所做的大多是给甲方公司找IT部门的人才或给专门为甲方公司提供IT硬件、软件产品及服务的公司（及这类公司的外包公司）找技术类人才，而非寻觅互联网人才。

这一年，留美归来的康兵辞掉了美国国际集团（AIG）首席代表的职位，他的妻子也辞掉了美国电报电话公司（AT&T）人力资源经理的职位，夫妻双双创业。为避开北京、上海、广州、深圳等一线城市的同业锋芒，两人选择在成都开办名为成都大瀚人力资源管理有限公司（以下简称大瀚）的猎企。在起初面积仅37.5平方米的办公室里，电脑、传真机都是康兵和妻子从家里搬去的。在创新方面，康兵不仅选择了在成都设立公司总部，还启用了管培生人才战略。换言之，在各家有什么人用什么人时，大瀚已经在员工的供应来源方面做了思考和布局。

事实上，任何生意想要获取规模效应，都需要具备可持续化的低成本投入和可标准化的操作流程两大特征，启用管培生人才战略，无疑是出于对这两点的考虑。能做出这样的考虑，应该得益于创始人夫妇都在500强公司里有过任职经历。这一战略后来被很多选择走规模化经营道路的同行模仿，其中包括从大瀚"毕业"的不少人，在这些人里，于2011年8月9日创办了杭州对点人力资源管理有限公司（以下简称对点咨询）的廖四金是最成功的一位。

嗅觉敏锐的高勇看到了互联网大潮的发展趋势，在创业初期就想做招聘网站，可是1997年金融危机到来，他的资金周转困难，线上业务陷入了停顿。这是科锐国际发展史上的第一个难关，也是最大的难关。当时，科锐国际还是一家没有几个人的小公司，高勇和他的创始合伙人团队，也就是他的师弟、同学，在小屋子里开了一场会——这应该是这家公司有史以来最重要的一场会。最终，高勇决定安下心来，专注做线下猎头业务，并确立了只做医药、快消品、工业和IT四个行业猎头业务的战略。这在当时乃至其后很长一段时间看来，都属于非常先进的理念。

事实上，至今，依旧有一些小型猎企处于什么行业都服务、什么单子都接的状态。很多猎企怕聚焦行业会导致客户少、业务做不起来，却不知道不聚焦行业，人才积累散点化会令职位交付更困难，一样难以做业务。这世上总是加法容易，减法难，愿意做减法的人是少数，成功者也是少数。

这一年，《财富》杂志的年会在上海举办，意味着上海重新回到了全球重要金融中心的行列。后来的数据显示，在本次《财富》杂志举办年会之后的一年多时间里，跨国公司落户上海的速度骤然加快，有超过70家名列世界500强的公司在这里投资、设立地区总部或者研发机构。这或许是总部在上海的猎企在数量上完全不输北京的重要原因之一，甚至不少人认为上海的猎企在整体质量上略胜北京一筹。

而在华南，重庆人陈勇在广州创办了一家名为Future Management Consulting（以下简称FMC）的猎企，创办日就是如今的"双十一购物节"。早年，陈勇做过政府公务员，在知名拍卖公司负责过行政工作，创业开办过学校，甚至短期参与过婚介所运营……他涉足过多种职业，从市场、销售，到人事、行政，最后误打误撞地进入了猎头行业，加入一家名为 Standard 的猎企（以下简称斯坦达，后来被进入中国的万宝盛华大中华有限公司收购，万宝盛华大中华有限公司，业内普遍叫其英文名 Manpower，以下简称万宝盛华）。

年轻人容易意气用事，当年的陈勇也不例外，在一个下属的鼓动下，陈勇在斯坦达工作了两年多后，就离开了这家公司，选择创业。外人的鼓动是一方面原因，起决定作用的还是陈勇内心的坚定。在那个年代，成为拥有百万业绩的猎头是极少数人，这或多或少地鼓舞了陈勇再冒一次险。

虽然 FMC 总部在广州，但陈勇很早就把公司核心资源及精力投入了上海，或许是猎头的直觉告诉他上海是"兵家必争之地"，又或许是他一开始就想做一家全国性的大公司。陈勇只身前往上海，很快选定要租赁的办公楼，他做决策很快，行动力也很强，只不过有时候，他的决策在常人看来似乎有点让人摸不着头脑。比如，创业第二年，他就告别妻儿，孤身一人远赴英国留学。

多年后，陈勇表示，他那时只是急切地想要出国看一看、学一学。看一看国外的猎企是怎么发展的，学一学西方先进的管理理念。做猎头，陈勇买书看；办公司，陈勇出国学，他属于典型的爱学问、喜思考的学究型人才。如果说别的老板会让人一眼看出是老板，那么陈勇在日后数年间给人的感觉更像是老师。他通过自己持续的探索，助 FMC 声名远扬，在一众老牌猎企里占有了一席之地。

2000年，置身互联网泡沫之外

2000年是新世纪的第一年，人们总是对新的开始抱有极大的期待。

2000年，中国知名企业家马云登上了《福布斯》杂志的封面，但国内互联网行业的企业面对的市场环境不容乐观，随着全球互联网泡沫大破裂，在美国上市的几家中国公司未能幸免，新浪的股价跌至每股1.06美元的低点，搜狐的股价跌至每股60美分，网易更惨，它的股价一度只有每股53美分。

刚刚萌芽的中国互联网经济进入了始料不及的"低谷"，但纳斯达克的崩塌对中国经济的现实影响并不大，因为当时中国经济的重心还在实体经济。

总的来看，这一年对中国经济来说是一个好年景。

在即将加入WTO的利好推动下，从年初开始，宏观经济走势明显上扬，国内生产总值（以下简称GDP）接近9万亿元，比上年增长约8%，大部分公司的经济效益有所改善。

这一年，电信行业遭遇了反垄断重组，这件事普惠大众，当然包括每天都需要打大量电话的猎头从业者。

这一年，从安徽农村走出来的大学生刘汪洋离开了仲望咨询——他在和余仲望谈合伙事宜没谈拢后，友好地分手了。随即，刘汪洋于2000年10月26日创办了一家名为上海斯科人力资源顾问有限公司（以下简称斯科）的猎企。虽然刘汪洋和余仲望两人的性格并不十分相近，但两人在日后维持了很长时间的深厚友谊，毕竟，借过钱的交情是任何人的人生中都不多见的。斯科和仲望咨询两家猎企都是业内为数不多的屹立二十余年不倒的公司,两位老板所采用的不同业务模式、管理方法,印证了当年两人会走向分离是注定的。

就在刘汪洋选好公司地址,正在亲自给办公室排线路的时候,接到了一家位于中国香港的公司中与他合作过的人事经理(业内习惯将人事工作人员称为HR,但本书皆以中文表述)的电话,说要招5个高级机电工程师。放下手里的活,拍了拍身上的灰,刘汪洋就开始打电话了,那些合适的人选似乎就印在他的脑子里。没过多久,刘汪洋就帮客户招到了理想的人才。

创业初期,其实就是自己给自己打工,每个老板都是要亲自下场做业务的,每个老板一开始都是公司里业务最强的人。在猎头行业在中国出现并有所发展的早年间,这种特质是非常明显的。

在那个年代,即便没有预付费,客户也很少会同时找几家供应商合作同一个职位。换言之,那时的猎企手里有不少职位资源相当于是独家资源。这不仅是因为供应商少,还因为人才端的抢夺并不激烈。当然,即便如此,外资客户大多还是会优先选择外资猎企,只有在外资猎企的交付表现不佳时,才会考虑把业务转给民营猎企。

"中国制造"等于物美价廉的印象在那时还没有进入国内猎头行业的客户脑中。毕竟,那时,国内猎头行业刚起步,从业人员都是新手。在客户眼中,民营猎企有的仅仅是肯干活的人,而外资猎企有培训体系可以确保他们的顾问专业水平更高,人才库资源更充沛。当然,更重要的一点是很多外资客户的采购权并没有被下放到在华机构,供应商是全球统一指定的，招聘服务也不例外。所以，国内民营猎企是伴随着外资客户在华机构的话语权越来越大而发展壮大的，背后折射出的是中国市场的重要性和特殊性在被逐渐看见。

随着外商代表处变成中国总部，随着只有销售到开始设厂，再到设置研发中心，猎头见证着这些外企在中国的成长，这些外企也见证着猎头业务、人力资源服务业在中国的蓬勃发展。

2001年，没有明星的一年

2001年7月13日，北京赢得了2008年奥林匹克运动会（以下简称奥运会）的举办权。中国社会科学院预测，在随后几年内，奥运经济将使中国的GDP增加0.5个百分点。一直到2008年，奥运会始终是中国宏观经济走势持续上扬的重要投资拉动因素和心理期盼因素之一。

2001年12月11日，中国正式成为WTO成员。

2001年让中国人在新世纪伊始就赫然有一种"大起"的感觉，正因为如此，"2001年是中国年"的说法不胫而走，预言中国的未来与走向成为全球经济圈的热门话题。若干年后的事实证明，当时的很多预言都没有"自我实现"——中国的经济发展和公司成长，仍在按自己的逻辑曲折前行，与那些过于乐观或悲观的猜想无关。

但可以确定的是，在2001年时，中国已成为"世界工厂"，如果关注彩电、洗衣机、冰箱、空调、微波炉、摩托车等产品的销量，大家会发现，"中国制造"均已在世界市场份额中名列第一。虽说在国企的垄断与外企的强势渗透下，民营经济一直举步维艰，但在一些领域，由于政策的推动，部分民营公司"杀了出来"。

吴鹰创办的公司 UT 斯达康成了 PHS 项目的设备供应商，他为这款设备起名为"小灵通"。1997 年 12 月，第一个小灵通无线市话试点在浙江省杭州市余杭区开通，当地消费者被告知，小灵通的通话费是 3 分钟 0.2 元，而在当时，中国移动或中国联通的 GSM 手机的通话费是 1 分钟 0.5 元，价差 7.5 倍，再加上使用小灵通接听来电不收费，同样一通电话，小灵通和 GSM 手机之间的价差在十倍左右。

仅仅 3 个月，余杭区的小灵通用户数就赶上了移动和联通用户数的总和。中国电信对小灵通的强势推广，让设备供应商 UT 斯达康获得了惊人的成长，但不得不提的是，这里面有不可忽视的政策引导作用。好景不长，2004 年下半年，中国电信和中国网通两大垄断巨头着力建设 3G 网络，降低了在小灵通方面的投入，直接冲击了小灵通市场，UT 斯达康的业务随之大幅萎缩，传出大规模裁员以维持公司正常经营的消息。2019 年，通鼎互联信息股份有限公司公告，公司的全资境外子公司开曼通灏拟以现金 4922 万美元收购 UT 斯达康。

2001 年，同样依赖政策起家的另一家公司从筚路蓝缕一直走到了辉煌今日，这家公司就是李书福创办的浙江吉利控股集团（以下简称吉利）。2001 年 11 月 9 日，国家经济贸易委员会发布了第六批《车辆生产公司及产品公告》，一款名为"吉利 JL6360"的陌生车型榜上有名。在汽车史上，这是一个"破天荒"的事件，因为吉利的出现意味着民营资本造汽车第一次得到了政府的正式首肯。这一新闻，被解读成中国加入 WTO

后的重大产业开放新闻。这一天，距离跨国资本被允许进入中国汽车业已经过去了整整23年。更令人难以想象的是，在9年后的2010年03月28日，吉利以18亿美元的价格，正式收购沃尔沃100%股权。

2001年的经济看起来是欣欣向荣的，但掩盖不了中国互联网处于寒冬的事实。坚持做电子商务的阿里巴巴决心重新来过，主要开发网络游戏和短信业务的网易是为数不多的清醒者、幸运儿。

同样看清局势的还有一家如今的知名公司。2001年1月，华为的任正非在《华为报》上发表了一篇6000多字的长文——《华为的冬天》。在过去的2000年，华为的销售额飙升至220亿元，赢利高居全国电子企业百强之首，不过，任正非已经清楚地预感到了网络经济泡沫破裂后对电信市场的连累。任正非的警告并非杞人忧天，2001年，全球电信产业果然出现惊天大滑坡，华为的国际对手美国思科业务严重下滑，全年仅报废库存的价值就高达22亿美元。在这样的逆境中，及时调整、"穿上了过冬棉衣"的华为却收获了255亿元的销售额，实现利润27亿元。

在公司发展的潮起潮落中，目光敏锐的猎头人往往可以在客户起势时赚得盆满钵满，跟风而至者却容易撞上客户步入衰退期，面临收不到佣金的窘境。"何时入场"考验的是各家猎企对经济形势、行业大势和公司走势的预判能力，预判能力强的，往往因选准了一家客户而活下来；预判能力差的，则可能疲于奔命，劳心劳力，最终颗粒无收。

正因为服务民营公司、高新领域的风险很大，大多数猎企在很长一段时间里专注于服务外资公司，尤其是那些具有很强的品牌效应、市场口碑的大公司。可以说，世界500强公司清单就是猎企首选的业务发展

（BD）目标，因为这些公司的用人标准更加透明化、标准化、统一化，盈利模式更加清晰、可预测。

猎企注意到民营公司有大生意，基本要到2010年前后了。

2001年和后续几年里，猎头行业最明显的特征是在本土玩家还没起势时，外资猎企大量涌入。外资猎企的涌入，让本土猎企看到了彼此间的差距。科锐国际的高勇在2019年的一次人力资源大会上说，自己出国考察与英国猎头交流时，他们觉得"进入中国市场，感觉如入无人之境"，这话中是否有夸张成分，我们很难界定，但不可否认的是，不少本土猎企在这些年里服务的客户以年薪20万~50万元的白领居多。外资猎头进入中国，或接洽中国客户的生意时，定位的服务对象是更高年薪的群体，觉得没有竞争对手是很正常的事。此外，高精尖领域的科学家类、研发类职位交付也是那个时期本土猎头顾问的短板，毕竟，彼时，从业者们才刚刚入行，最早的不过十余年经验，无论是顾问，还是创业者，都还很年轻，还有很长的路要走。摆在这些先驱者面前的挑战，既有公司经营中必然会遇到的各种挑战，也有行业特性带来的挑战。

这些先驱者里，有的人带领公司一路闯关，披星戴月地奔赴了明天；有的人的公司却永远地留在了昨天。

不管怎样，他们是那个时代里无数先驱者的代表。这些人发现了人力资源这座金矿，发现了猎头业务是"皇冠上的宝石"，并带着他们的热情和智慧、认真与敬业，以近乎原始的方式进行了早期开采。

1996—2001年总结：
草根创业的新选择

20世纪90年代出现了出国潮和下海潮，千千万万的人投身于商海，寻找着各种机会。在20世纪90年代初期，他们被某些人看成投机倒把分子，被称为"倒爷"，受到了传统眼光的批判——那时的大多数人并不那么认可做生意的人。

后来，随着国门进一步打开、市场经济进一步发展，人们的思想观念不断变化，越来越多的人对于那些能够获得财富的人抱有的看法和怀有的情绪不一样了，甚至有些人从一个极端走到了另一个极端。

很多人开始关心哪里是"风口"，如何挣大钱了，而在这形形色色的机会里面，有一小群人选择了即便在十年后也不为民众所熟悉的领域——猎头行业。这其实也是一门"倒买倒卖"的生意，只不过标的物更特殊一些，是人。一开始，人们都认为猎头是"挖墙脚"的人，多少带着些许不理解的蔑视。

其实，猎头是"职场红娘"，做的是将人才资源进行优化配置的事，降低雇主和雇员之间因为信息差导致无法第一时间"牵手"的概率。当人才的流动情况符合公司的发展需要时，公司的发展才会加速；当加速发展的公司符合行业发展的需要时，行业的发展才会加速；当加速发展的行业符合经济发展的需要时，经济的发展才会加速，所以，这个生意是利国利民的，至少从逻辑链上来说是如此。换言之，优秀的猎头是助力公司、行业、经济发展的幕后英雄。

如果用企查查（公司信息查询工具）等软件搜索一下 2001 年创办并持续至今的、有猎头业务的公司，我们会发现数量很少，并且没有特别知名的公司。当然，这仅仅是相对于创办在其他年份的公司而言，但这多少让 2001 年在这部中国猎头 30 年史里显得有点特别。

我们回看 2001 年的经济，似乎并没有特别与众不同之处，一样有好消息，也有坏消息。所以，这可能仅仅是一个巧合。又或者说，这种非常态才是常态，毕竟有 70% 的创业公司是活不过三年的。

没有人精确统计过存活超过三年的猎企的比例是不是比其他行业存活公司的比例要高，但是，我们可以发现，猎头行业不是一个高度集中的垄断型行业，相反，它是一个高度离散型行业，它可以同时容纳很多大公司、很多小公司，它们很可能活过三年、十年，乃至更久。只要稍加打听，我们就会发现，有很多猎企，你似乎从来没有听过它们的名字，但它们已经存在了好多年，再一打听，你也许会发现，服务自己的猎头顾问入行时间并不久。

这就是猎头行业的特性，草根易创业、公司易存活，如果没有顾问易流失这个特点，恐怕这行会是天下最好做的生意之一。

1. 草根易创业

猎头行业是很多普通人可以跻身进去一圆创业梦的行业，也是创业者有较大可能性获得成功的行业。即便在今天，创业的成本越来越高的情况下，相较于很多行业来说，猎头创业依旧属于轻资产创业，所需要的启动资金并不多。

2020年，一个人事工作人员拿了来自自己丈夫的20万元赞助就开始创业了，一年时间发展了3个顾问。这个行业，俗称"一根网线，一根电话线，一台电脑，在家就可以办公"，如果再加一句，那就是"一个人就可以干起来"。这也是为什么在20世纪90年代的创业大潮下，刚毕业的高勇、做过婚介工作的陈勇、当过人力资源经理的郭展序、做财务工作的刘汪洋、做销售工作的余仲望、当过老师的纪云……都在或多或少的尝试后，选择了猎头这个行业，做了很久，做得不错。

他们都是普通人，从农民的儿子到城市小康阶层的一员，仅此而已。他们所拥有的资源仅仅是一些工作后的积蓄和少量的人脉，更多的是依靠自己的胆识和决断、勤劳和努力。

时至今日，猎头行业的创业依旧可以被列为普通人的创业选择之一，这一点，随着移动互联网的普及、自媒体的传播、人们对自己职业发展的焦虑加深，正在被越来越多的人看到。

"70后""80后"职业经理人们已经到了"危机"之年，无人聘请时，只能自谋出路。高校年年扩招，培养了大量毕业生，经济却处于存量状态下的低缓增长阶段，就业压力和择业预期、高额房价和有限工资的对比，都在刺激着年轻人的神经。

做什么才能挣大钱？做什么才能早日创业？过去工作了十年的老猎才敢创业，如今工作不到三年的新猎就想创业了。只不过，很多人低估了创业的难度，毕竟，钱永远只是创业的必要条件之一，如今的创业门槛，比以前更高了。换言之，让这些还算成功的先驱者们在今时今日再次创业，他们能不能做出今日的成绩，真不好说。

草根易创业，但挣钱并不易。FMC的创始人陈勇写过一篇名为《当猎头公司老板可能是天下最苦闷的职业》的文章，文章中罗列了猎头创业的各种艰辛。

2. 公司易存活

猎头创业所需要的启动资金不多，也不像律师、医生一样，执业需要通过严苛的考试并获得资质证书，这使得进入这个行业比较容易。

猎头业务的收费标准是人才年薪的20%～30%，这意味着只要月月开单，几万元/单、几十万元/单、上百万元/单的营收非常容易让猎企的现金流保持健康状态，尤其是当猎企只有几个人的时候。

大多数猎企初创时都是小规模运营，成本可被计算，如场地成本和人工成本，这意味着只要老板有客户，客户给职位，职位能交付，猎企就能活下去。这个逻辑在早期是如此，如今还是如此。一定要说区别，那就是如今人力资源服务业更受资本市场的青睐，这给了更多创业者做大规模的动力。

如今，一些地方政府会对人力资源服务业进行扶持，比如减免猎企入驻场地的租金，此外，猎企还可以选择共享空间，仅租赁几个办公位，或主动把地点选在二线城市、三线城市等，将场地成本大大缩减。

人工成本方面，大多数猎企采用的是底薪加提成制，按照当地工资的最低水平为员工缴纳社保，主要招聘应届生或工作时间不长的人，这让人工成本对于一个初创公司来说是可控的。这就是为什么猎企数量众多的原因，一家猎企开容易、关容易、再开也容易。

但是，想将猎企经营好，不仅需要现金流稳定、成本可控，还需要顾问稳定。最后一点限制了很多猎头行业创业者从1到10，而那些能从10到100的猎企创始人、经营者，一定具备真正统领一家现代化公司的组织、运营和管理能力。显然，能成功升级到最高层的人并不多。

公司易存活，但不易活好。这个"好"有两层意思，一层意思是猎企的发展态势良好，可以不是大而全，小而美也行，但很多小型猎企是小而不美；另一层意思就是员工的发展好、能挣到钱，很多小型猎企的老板挣到钱了，但员工没有，在员工不断流失的过程中，组织并没有能够发展壮大，一直在从1到10的阶段打转。

3. 顾问易流失

猎头行业有句话叫"1/3的顾问自己走，1/3的顾问让他走，还有1/3的顾问留下来"，猎头生意是轻资产生意，也是关于人的生意。当服务的对象和"产品"都是人的时候，就意味着这门生意的撮合难度不小，对于人的综合素质的要求不低，这会导致干得好的人想要自己干，而干不好的人会被淘汰。所以，顾问易流失是猎企发展壮大过程中的一个主要的拦路虎。

因为淘汰率高，流动率也高，猎头行业缺少成熟的顾问、成熟的一线经理——可能一些人成熟了，却转型去其他行业的公司做人事工作，另一些人还没成熟，就盲目去创业。这意味着即便一家猎企不缺客户，不缺职位订单，不缺人才资源库，也很可能缺能够把现有数据变成佣金的顾问，更缺能够带来更多数据、变成更多佣金的顾问。

培养一个成熟顾问的周期不短，即便标准不同，一年起步是基本共识。这造成很多猎企无心也无力培养新人。大量猎企只是依靠着廉价的年轻劳动力在重复着低水平的做单操作，依托这些年经济发展的大势而活着，只不过，在早些年，这样的猎企活得还不错。

顾问易流失，公司难做强是现实情况，而那些做大做强的猎企，多数自发地或被迫地走上了自培养顾问的道路。这些猎企的掌舵者开始自培养顾问的时间并不早，大多是在下一个历史时期里（2010年左右）开始的，但他们终究比多数人开始得要早，并因为自己的选择，得到了丰厚的回报。

这一历史时期的猎头人和其他行业的从业者一样，他们里面聪明一点的、大胆一点的、被认为运气好一点的都成了先富起来的人。究其原因，既有他们自身的努力，又有时代给予的机遇。而在未来，猎头依旧是一门好生意，而且你会发现，做这门生意的人里，精英分子越来越多、创业门槛越来越高。当然，其他行业也一样。

2002—2007年：外资领跑

🔍 2002年，外资猎头大举进入

加入WTO对中国的影响持续且漫长，在渐进式变革的中国，大部分政策从颁布到落地实施，再到产生影响，都有时间上的延后性，而加入国际性组织，对我国产生的影响更为复杂，需要很长的时间去观察和分析。

北京市长城企业战略研究所在一份名为《2002年中国科技发展研究报告》的综合报告中勾勒了"中国制造"的轮廓：初步估计，我国已有上百种制造产品的产量居世界首位。

中国制造的优势主要体现在成本上，这一时期，中国商品在价值链中的地位很低。用芭比娃娃举例，"芭比"是迪士尼公司的头部儿童品牌玩具，每年在全球百余个国家销售，其最主要的制造基地在中国。一个在北美市场零售价为20美元的芭比娃娃，中国工厂的离岸价仅为1美元,这1美元里包括了制造商和渠道商的成本、利润,以及各项税收。

因为有成本优势,加入WTO后,伴随着与世界贸易的连接逐年密切,全球各国公司在华投资建厂、利用中国廉价劳动力的热忱越来越高。一方面,这极大地推动了中国经济的市场化、大量劳动力的就业,另一方面,这对中国经济的转型、产业的升级也有一定的反作用。因为相较于弱小的民营公司、求稳的国有企业,外资公司在华享有的政策红利叠加着自身优势,让它们在接下来的数年里能够更多、更深入地利用中国市场,获得超高收益。

当时,敏锐的人们已经看到了三个发展趋势(如图2-4所示)。

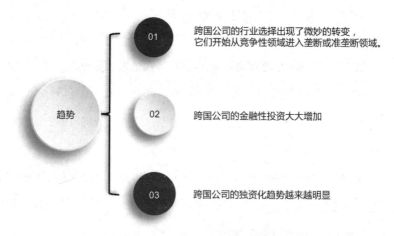

图2-4 跨国公司在2002年后的三个发展趋势

国家人力资源和社会保障部制定法规向境外资本开放人才中介市场一事正是在这样的背景下发生的。2002年,《北京市鼓励设立中外合营人才中介服务机构暂行办法》实施后,前文中提到的"五大"国际顶级猎企陆续将其在中国的办事处升级为分公司。

第二批外资猎企涌入中国，有的是随着客户进入中国而进入中国，有的则是通过收购中国本土的猎企或更早进入中国的外资同行进入中国。

2002 年，美国猎企 MRI 收购了以中国为主要市场的 BriTay 人力资源顾问管理服务公司，将其更名为睿特管理顾问（北京）有限公司（以下简称睿特），走出了在中国市场进行战略布局的重要一步。2005 年，MRI 正式进入中国，Chris Watkins（克里斯·沃特金斯）从该年起就任其中国区负责人，直到 2012 年离开并创办了上海仕卿人力资源有限公司（英文缩写为 CGP，以下简称上海仕卿）。MRI 鼎盛时期的中国员工约 200 人，在中国内地拥有北京、上海、广州 3 个办公室，为中国培养了不少优秀的猎头人才，其中就有十年后（2012 年）作为联合创始人创办了猎上网的马雄二，马雄二 2005 年加入 MRI 时，是 MRI 上海办公室金融行业的第一个顾问。

2002 年，还有 Kelly Services 在上海开业，Hudson（翰德）通过收购 Morgan&Banks 进入中国。随着外资猎企的不断涌入，本土猎企服务的专业化水平、流程的规范化水平也在不断升级。如果说这一阶段本土猎企的发展是因为在打听外资猎企的管理、实践经验，从而模仿学习，得到了间接助力的话，那么，后来从这些外资猎企里走出来的大批创业者则是直接将所学到的知识技能、管理理念以及运营机制运用到了自己的企业经营中。

这一年，刘汪洋招聘了一名来自 MRI 的顾问（后来其成为刘汪洋的太太），她把 MRI 的培训体系及各种管理理念、制度带进了斯科，斯科因此成了民营猎企中较早有培训员工意识的猎企之一。

3年后的2005年,斯科培养出了自家的首位百万顾问,这位从德尔福人事转型而来的顾问在连续8个月没业绩后,开始了业绩爆发,第二年就成为百万顾问。像很多老牌民营猎企一样,斯科陆续向行业输送了大量猎头人才,所不同的是,从斯科"毕业"的猎头人,若有出去自己创办猎企的,刘汪洋都会给予一些资金作为投资支持,慢慢地,在市场上形成了所谓的"斯科系"猎企,在这些猎企中,刘汪洋被尊称为"前辈"。

2003年,是制造业还是地产业

始于1998年前后的"中国制造"浪潮在2003年更加显眼,物美价廉的中国商品终于在世界范围内发威。国家统计局在2002年8月16日的一次新闻发布会上宣称,中国经济的比较优势仍然在制造业,过去20年间的经济增长主要依靠制造业增长,制造业增加值占GDP的比重基本维持在40%左右。

什么行业前景好,什么行业当下热,猎企,尤其是新兴的本土猎企就会选择服务什么行业,以此让自己站稳脚跟。制造业包括工业自动化、化工、汽车、家电等,都是绝大多数猎企会选择服务的行业。

只需要服务一个行业、几家客户,就足以立稳脚跟、养活十余人的团队,这与很多人以为的"直到十年后才有聚焦某行业的猎企,此时的猎企都服务很多行业"的错误认知是相悖的。只是这一时期,很多聚焦某一行业的猎企并没有能够突破20人的规模,因此一直存在,却鲜为人知。原因是多方面的，值得人们探讨。

这一年，我国设立中国银行业监督管理委员会（2003年3月设立，2018年3月撤销，存续期间简称银监会，撤销后并入中国银行保险监督管理委员会，简称银保监会），外资金融机构逐步正式经营人民币业务，外资银行加速进入中国银行业。到2006年年底，22个国家74家外资银行在中国25个城市设立了209家分行、242家代表处，大部分设立在东部沿海，中西部设立数量也呈上升趋势。其中，经营业务品种超过100种且包括人民币业务的有115家。

2003—2007年是外资银行高速发展的几年，不得不提的是，在2003年到2022年这20年间，工资上涨和通货膨胀的速度相当惊人。2003年，一个工作经验10～12年的优秀区域管理高级副总裁的月薪大约为1.5万元/月，一个在制造业服务10～12年的财务总监的月薪为1万～1.2万元/月，到2022年，这个层次人才的月薪已达5万～8万元/月。

2003—2007年，外资银行所需要的专业人才非常短缺，经常出现一个人才拿到多家外资银行的Offer（录用通知书），被多家外资银行疯抢，身价从而水涨船高的情况。

猎头行业里，也出现了专注服务金融行业的猎头，甚至有一些猎企的创始人本身就来自金融行业，对金融行业极为了解，比如当时很有名的高乐人才中国有限公司（Global Associates）。但同类人才依然供不应求，候选人薪资一路飙升。

此时，相较于工业和快消品行业，外资银行业在组织能力上很落后，因此，它们开始在一些职能领域引入非金融行业的成熟管理人才，比如来自快消品行业或制药行业的人力资源总监、市场部负责人等，这些高管为未来20年金融行业的高速发展打下了扎实的基础。

2003年，中国社会和宏观经济突然遭遇一场意外的严峻考验，即国人至今记忆深刻的非典型肺炎疫情。这种具有极强传染性和高死亡率的疫情突然暴发，国外一度认为当年中国经济的形势会非常严峻。但让世界吃惊的是，尽管遭遇如此猝不及防的意外，2003年，中国经济增长竟然没有受到太大的影响。这主要归功于两点，一是"中国制造"的外贸强劲拉动，二是以房地产为龙头的内需市场旺盛。

可以说，地产行业从被催生那年起就开始发挥拉动经济的引擎作用，这个作用的巨大威力持续了至少20年。

2003年6月29日，一家名为深圳顶才猎头有限公司（以下简称顶才猎头）的猎企在深圳成立了，顶才猎头的创始人姚文生是北大高才生，毕业后在某上市集团做过质量认证类的工作，随后加入了一家叫科特杰咨询服务有限公司（以下简称科特杰）的猎企工作了一年多。科特杰的老板David曾经被陈勇早年任职的斯坦达公司从百事可乐挖去金佰利，算得上是中国内地首批被知名外企精心培养过的高级职业经理人。2007年，姚文生实行行业聚焦战略，带领顶才猎头专注服务地产行业，这一战略直到2014年才调整。

随后的几年里，涌现了不少专注服务地产行业的猎企，也拉开了本土猎企从几乎只服务外资公司到服务民营客户的比重越来越大的大幕。

2003年，老牌外资猎企米高蒲志人才服务有限公司（英文名为

Michael Page,以下简称米高蒲志)悄然登陆中国。米高蒲志的强 KPI (关键绩效指标)导向、结果导向的作风令不少同行议论纷纷,有质疑的,也有效仿的,只是多数效仿因为不得精髓而败北,不少猎企以关门收场,结局可谓惨烈。

同前些年一样,互联网行业依旧像个独行者一样前行,对 GDP 的贡献是微不足道的,但在 2003 年,它突然以一种十分戏剧化的方式引起了国人的热切关注。这一年,突然冒出了一个年轻的"中国首富",他所在的行业是互联网行业——网易创始人丁磊的纸面财富超过了 50 亿元,成为第一个靠互联网成为"中国第一富豪"的创业者。网易名列三大门户网站之一,不过,它的赢利增长与门户网站没有一点关系,事实上,以广告收入为主要盈利来源的门户网站在 2003 年前后已经走向衰落,网易的成功在于丁磊的率先反叛——他进军了网络游戏领域。

一些在日后将主宰中国网络经济的重要力量也在这一年雏形乍现。马云的阿里巴巴上线了 B2C ("Business to Customer"的简称,公司对消费者的电子商务模式)淘宝业务,淘宝随后的发展可以说是让世人瞠目结舌。在搜索引擎领域,全球霸主谷歌搜索遭到了一个中国天才青年的"狙击"——李彦宏创办的百度搜索在第三方评测中首次超越谷歌搜索,成为中国网民首选的搜索引擎。

但大多数猎头从业者和大多数民众一样,并未给予当时的互联网行业多少关注的目光。很多猎企里的 IT 团队的主要服务目标是外企 IT 职能部门的岗位,或类似于 SAP 的 IT 软件外包服务供应商的岗位。换言之,猎头对IT行业的关注度远高于互联网行业，毕竟，在多数人心中，这一年离2000年互联网行业泡沫破裂还不远。

2004年，服务IT行业变为服务互联网行业？

宏观调控的大闸在2004年4月被正式拉下。

20世纪80年代以来，中国历次宏观调控都有相同的"规律"，那就是经济过热造成资源紧缺并引发激烈的资源争夺，于是，中央政府通过行政手段对不同所有制企业进行调控和再分配。

2004年是继1997年之后的第二个"崩溃之年"，当初意气风发地进军上游垄断行业的民营企业几乎全军覆没，而那些对宏观风险缺乏防范经验的企业也交了巨额学费。在本轮宏观调控中陷落的大型民营企业的项目，日后大多被国有企业和跨国公司所获取。

但在这样巨大的调整下，中国经济的走势再次让全球学者跌破眼镜。2004年第三季度，亚洲开发银行曾预测全年中国GDP增长将下降为8.3%，中国商务部的预测数据更保守，为7.5%。然而，国家统计局的数据显示，2004年，GDP增长仍高达10.1%，为1996年之后增长最快的年份，全社会固定资产投资为7万亿元，比上年增长25.8%，全国进出口贸易总额超过1万亿美元。这表明，中国经济仍然处在高速发展的通道里。在中央电视台的《中国经济年度报告》节目中，清华大学中国国情研究中心主任胡鞍钢教授对此的解读是："中国作为一个快速的列车，它的行驶不是急刹车，是点刹车。"

谁被点住，谁没有被点住，一目了然。

彼时，互联网行业刚刚起步，并未被纳入调控重点。换句话说，互联网行业的民营公司正在悄然野蛮生长。在这样的背景下，IT 行业出身的李炯明于 2004 年在上海成立了上海科锐福克斯人才顾问有限公司（以下简称科锐福克斯），后来，他把公司总部迁到了深圳。在同行们纷纷涌入地产行业、金融行业，前辈们继续开拓工业、快消品行业、医药行业时，这位创始人选择了互联网行业。直到今天，科锐福克斯依旧专注在互联网这个"包罗万象"的行业中，并在 2021 年以接近两亿元的营收奠定了自己在互联网猎头领域中的龙头地位（以营收为依据）。

在李炯明刚刚开启他的老板生涯之际，FMC 的陈勇正忙着将管培生计划落地。和多数大公司精选占全员很小比例的新人做管培生的模式不同，陈勇采用的是全员模式，第一届有 9 个管理实习生，每个人他都亲自带教至少半年。陈勇的带教方式并非行业里的普遍做法，即在工作的过程中给予指点，俗称在职培训，他主要是把职位操作的整个流程分解，把每一个步骤里需要掌握的方法、技能进行讲解并安排实操练习，并不会一开始就让顾问上手做具体工作。

特别值得一提的是，陈勇带教的第一届管培生不仅做业务，还参与搭建了公司经营管理所需要的各类制度。猎头行业里采用过这种管培生模式的猎企极其罕见，因为费时费力费成本，而且转化率并不高。此处的转化率一是指能够"出师"，二是指"出师"后能继续在原公司效力较长时间。但对 FMC 来说，这是值得的，因为正是这个操作，为 FMC 的发展打下了坚固的地基。被带教后两年内，第一批管培生没有一个人离职，18年后，还有3个人作为核心的股东合伙人，在FMC担当重任。

不得不提一句的是，在陈勇带教的第一批管培生中，有一个叫姚京的硕士生，他在离开FMC后于2010年5月25日创办了上海纬特施企业管理咨询有限公司（英文缩写为WITS，以下简称上海纬特施），以服务汽车行业起家，如今也是知名本土猎企之一。

陈勇的管培生计划的落地时长越缩越短，几年之后便不再开展了。老板亲自带教在猎头行业里并不少见，但大多数都是昙花一现。随着人员规模日益扩大、业务日益繁忙，这种带教需要耗费老板越来越多的精力，而且，亲自带教，并不能避免人才流失。

有的猎企，如FMC，选择建立培训制度，更多的猎企选择继续通过师徒带教制完成对顾问的培养。

比起没有培训、只有带教的猎企，FMC无论在那时还是在今后的数年里，在顾问培养的重视度上都足以同外资猎企比肩，是民营猎企中的领先者。往回看，我们会发现，所有对顾问内培养加以重视的猎企，即便没有搭建起培训制度，也都几乎在后来成了行业内的知名猎企。顾问留存率比竞争对手高，是猎企能发展壮大的关键因素之一。

中国的民营经济起步于消费品行业，广东的科龙和健力宝，无疑是过去20年里中国最优秀的家电和饮料公司之一，可是这一年，它们都琐事缠身。

与上述公司相比，深圳的万科集团显得顺利得多。在很长一段时间里，万科都是地产行业从业者心向往之的公司，是行业人才的"黄埔军校"，是服务地产行业的猎头人作为标杆研究和服务的对象。

地产行业的发展是国家推动的，看清了局势的人，都将收获巨大的红利。无论是地产行业的从业者，还是服务他们的猎头人。

2005年，猎头业务以外

加入WTO的2001年，中国外贸规模为5000亿美元，到2004年，突破了万亿美元大关，一举超过了日本，2005年更是达到14221.2亿美元，比上年增长23.2%。随着中国商品如潮水般涌出国门，欧美消费者猛然发现，"中国制造"已经像空气一样，成了生活中不可缺少的一部分。这是中国公司全球化进击的体现，但也因此，2005年，"中国制造"在海外遭遇了反倾销。

值得警觉的是，物美价廉的中国商品在所向披靡的同时，也引发了一系列外贸摩擦。更值得警觉的是，创新不足及核心技术缺陷已经衍变成一个漫长的"报应"——在毛利润率不高的情况下，公司很难在创新和技术方面进行大量投入，折射在人才需求上，就是营销人才优先，技术人才不急。内资公司的高端人才需求不紧迫，使得中国的猎头从业者依旧以服务外资公司为主，但这一年，跨国品牌在中国的日子也不好过。

宝洁、索尼、雀巢、戴尔等一向被视为学习典范的跨国品牌均在中国连连遭遇公关危机，这显示出另一个现实，那就是跨国品牌已经渗透和参与到了中国市场的各个层面，成为中国经济的一部分。

虽然这些事件开始引发民间对跨国品牌的质疑，但并不妨碍职业经理人们依旧把外资公司作为跳槽首选，猎头们也依旧在忙着为他们牵线搭桥。

与传统制造业陷入创新乏力、外销受阻的境地所不同的是，汽车行业和互联网行业在继续升温。由于针对中国汽车行业有特殊政策，整车业务必须以合资的方式运行。

在零部件领域，并没有这种股权方面的限制，因此，早期的汽车领域猎头大多以服务外资零部件公司为主。由于零部件公司的招聘体量普遍不大，很多猎企中的汽车团队是归属于大工业团队的。

由于90%的全球零部件百强公司都把中国区总部设立在上海，上海的汽车零部件猎头得到了得天独厚的发展条件，头部汽车猎企大多选择以职能条线为主、产品条线为辅的发展方式，且对研发、营销和供应链的关注最为专注。

随着国内汽车市场体量扩大，2005年前后，外资整车公司纷纷加快强化其在中国区的管理职能，由于整车业务特殊的政策导向属性，北京也成了众多车企总部的选择，比如大众、宝马、戴姆勒、丰田等。

本土车企的快速发展，使其对高端人才的需求越来越强烈，专注本土车企的汽车猎企随之进入了快速发展时期。

2005年4月29日，中国证券监督管理委员会（以下简称证监会）发布《关于上市公司股权分置改革试点有关问题的通知》，标志着股权分置改革试点工作（以下简称股改）正式启动，被定义为"中国股市的第二次革命"。

股改不但解决了资本市场的陈年顽疾，也让众多企业经营者的财富暴涨。在过去的两年里，中国网民人数超过一亿，盛大、前程无忧、腾讯、携程、TOM在线、e龙、空中网、金融界、灵通、九城等十余家互联网公司接连在海外上市，中国互联网公司股票市场价值总和达到100亿美元。这是一个带有"元年"意义的年份，一些领域的部分企业家开始把目光放在技术更新、管理升级、人才引进上面了。

2005年，一家名为广州道翔商务服务有限公司（业内一般称其为Dox，以下简称道翔）的猎企于2月22日成立了，这家猎企只服务一个大行业——医药医疗。一直以来，被业内见证的事实是只服务一个行业的团队，年营收能达到2000万元是极限，道翔用实力证明，这一判断是有历史局限性的——这家猎企15年后营收过亿元。

2005年，一家在大洋洲注册的猎企也进入了中国，随后，其中国公司完成了对大洋洲公司的股权置换，变成了以中国公司为控股公司，主营猎头业务，大洋洲公司主营咨询业务的猎企。这家猎企名为上海岱澳企业管理咨询有限公司（业内一般称其为Atomic，以下简称岱澳）。

岱澳把中国市场作为猎头业务的主战场，这一决策在现在看来是无比正确的。在管理岱澳之前，沈铁雷已经在Hudson（翰德）的上海办公室工作了两年，完成了一次职位晋升，为了这个选择，他放弃了被调去当时全球最大的会展公司Marcus Evans在东南亚某国的分公司做总经理的机会。可以说，沈铁雷是不折不扣的职业经理人转型做猎头。

像沈铁雷这样背景的猎头，当时并不多见，后来则有越来越多的职业经理人转型做猎头、办猎企。

也是在这一年，大学毕业的马士发在上海拜昂投资咨询有限公司（以下简称拜昂咨询）工作了两年后离开（拜昂咨询在 2019 年成为国际高端猎头 EMA Partners 在中国区的合作伙伴），创办了上海嘉驰商务咨询有限公司（以下简称嘉驰国际，创业漫画版如图 2-5 所示）。这条路很多人走过，即先做学徒，后独立。

很少有人能成功走到获得资本青睐的那天，马士发做到了。

图 2-5　2005 年，马士发创办嘉驰国际

注：图片由嘉驰国际提供

科锐国际在这一年正式推出了招聘流程外包服务模式，业内俗称 RPO（Recruitment Process Outsourcing）。从此，科锐国际在国内的招聘流程外包业务领域始终处于领先地位。不过，这个服务模式在国外早已有之，并非创新。

高勇从猎头业务开拓到招聘流程外包业务，偶然中带有很强的必然性。科锐国际的猎头业务高速发展，客户越来越多，职位需求越来越多，中低端、批量招聘的需求也越来越多。越来越多的客户希望有专职人员能够驻场办公，作为统一的窗口对外管理各项招聘事务，从而解放自己的人事团队在招聘业务模块中的投入，高勇只是顺势而为。

带着竭尽所能满足客户要求的理念，高勇开始在猎头团队内部寻找驻场顾问。为了配合驻场顾问在前台做好项目经理，按时、保量、保质地完成招聘任务，他开始配置后台人员，直到组建了位于苏州的寻访中心——后台职位交付中心（交付中心的员工主要负责与人选沟通）。

在2003年、2004年的初步布局时期，这块业务遭遇了来自内部、外部各方的阻力。内部阻力主要是没有专职的招聘流程外包服务人员，需要调动猎头顾问做兼职，由于招聘流程外包业务的收费远不如猎头业务的收费，猎头顾问们的积极性并不高，并且一开始并没有明确的后台配套人员，前台人员也需要参与到寻访中去，顾问们的职位交付压力很大。

如果说内部阻力主要是资源不足引起的，那么，外部阻力主要是同行们的猜疑和不理解造成的。因为科锐国际的驻场顾问要以客户方人事工作人员的身份对接外部供应商，这就意味着其他猎企推送的人才推荐报告要经由科锐国际的驻场顾问筛选，筛选后才能进入客户方用人部门的视线，猎头同行们自然会担心科锐国际的人能否做到公平公正。

据说，当年，在上海举办的一次非正式老板聚会中，高勇特别回应了当时在场的各家老板的"质疑"。

度过了初创期的艰难后，科锐国际的RPO模式逐步发展完善为"小前端，大后台，富生态"的领先组织模式，确立了行业标准。凭借优质的服务和极高的客户满意度，科锐国际收获了许多国内外招聘流程外包领域的权威机构奖。

2018 年，2018 HRO Today Baker's Dozen RPO 最佳服务商榜单揭晓，科锐国际在连续 5 年入选后，成为首个上榜的总部在亚洲的人力资源服务公司。2014—2017 年，科锐国际分别在该榜单的"亚太区 RPO 最佳服务商""细分市场 RPO 最佳服务商""医疗健康领域 RPO 最佳服务商"等评选中取得佳绩。

看到科锐国际尝到了招聘流程外包业务的甜头，同行们也陆续进入这个领域。从人力资源单一业务走向全人力资源业务这一发展路径，是有了人员规模的猎企普遍的战略选择，如前文提到的大瀚、展动力、嘉驰国际。

当科锐国际的高勇在风风火火地推广招聘流程外包业务时，FMC 的陈勇正在把大量精力放在研发自己公司的 ERP 系统上，为此，他不惜以公司股权为交换，吸纳资深的 CTO（首席技术官）一起创业。后来，有不少 FMC 培养的 IT 人员去了互联网大厂，陈勇的意识无疑又走在了不少同行前面。

在大部分猎企还在用 Excel 表格存储候选人的联系记录时，陈勇已经意识到了数据管理对于猎企发展的重要性。后来，因为这些经验的积累，陈勇还参与、支持了上海谷露软件公司（以下简称谷露）早期的成长与发展。

真正将自研系统做到行业内普遍认可的是 3 年后成立的锐仕方达（北京）人力资源顾问有限公司（以下简称锐仕方达），无论对这家猎企的整体印象如何，大多数业内人都会说一句"锐仕方达的系统还是做得不错"，或"听说锐仕方达的系统真的很牛"。

2006年,又一家内生性公司诞生了

如果在2006年用卫星拍摄照片,中国一定像个大工地。

2006年,一大批国家重大投资项目完工。5月20日,建设历时12年的三峡大坝正式完工;6月6日,国务院发布《推进天津滨海新区开发开放有关问题的意见》,天津滨海新区规划面积2270平方公里,比深圳大300多平方公里,是中国香港的两倍、浦东的三倍,它将成为中国北方新崛起的金融开放中心;7月1日,全长1956公里的青藏铁路全线建成通车。这些重大投资项目的建设与投入使用意味着固定资产的投资性拉动仍然是经济增长的主要模式。与此同时,沉寂了两年多的股市和楼市双双出现快速回暖迹象。

在我国,猎企对国企的中高端人才招聘介入较晚,因此,它们不得不开发更多的外资客户和民营客户,追踪民营经济的热点(地产、互联网),以期顺势入局。

如果说2001年之前,国际资本在中国的超国民待遇主要体现在税收优惠、行业优先进入等方面,那么,2001年及之后,它们的最大优势是优先参与了国有垄断企业的资本市场化运作。

2005年及之后,更大规模的资本获利发生在金融领域。

更多的外资金融机构通过参股四大国有银行、中型银行进入了中国,与此同步的,是外资猎企继续批量登陆中国。2005年12月,英国人力资源集团Hays收购进入中国9年的St.George's Harvey Nash后进入中国,名为上海瀚纳仕人才管理咨询有限公司;2006年5月,世界500

强人力资源集团任仕达与上海市人力资源和社会保障局战略合作，注资上海人才，持股47%，以合资形式进入中国；另一世界500强人力资源企业德科集团一直到2010年才与北京外企人力资源服务有限公司合资成立外企德科，至那时，全球人力资源领域的巨头无一例外都进入中国市场了。

可以说，2004—2007年，国内服务金融行业的猎企、猎头团队的业绩都很亮眼，如MRI和普金人资（ProKing Management Consulting）的金融团队。

早在2002年，一大批外资保险公司就已进入中国市场，比如安联保险、金盛保险、中宏保险、招商信诺、中意保险、中美大都会保险、海康保险（现更名为同方全球）……后来还有中英人寿、中韩人寿、瑞泰人寿、信诚人寿、复星保德信、德华安顾等二十多家合资的寿险公司成立。如今的上海珏妙企业管理咨询有限责任公司（业内简称Fintech-HR咨询）的创始合伙人花少群当时就在普金人资工作。由于当时的保险行业人才需求非常旺盛，普金人资迅速在上海、北京和广州建立团队，客户需求可谓应接不暇。那几年里，花少群觉得自己没有遇到太多专精保险行业的竞争对手，在她服务招商信诺时，客户已提前委托多家知名猎企操作职位，但她依旧在短短的4个月内成交了客户委托的8个职位，此时，她投身猎头行业才6个月。

2002年，英国硕士毕业后在新加坡和中国香港都工作过的上海人陈亮（Kevin）转型成为一名猎头顾问。一开始，陈亮在专注于高端猎头业务的安晋人才服务（上海）有限公司（业内简称Amrop）的上海办公室工作，工作第二年，陈亮的个人业绩就达到了 800 万元。陈亮察觉到这里的上升空间有限，但带着凡事不能浅尝辄止的念头，他又磨砺了两年。工作 4 年后，他发现这里的挑战实在有限，决心自己创办一家猎企。

2006 年，陈亮的公司诞生了。一开始，陈亮的设想就是要做一家规模化的公司，他为自己的公司起名为上海瀚仕企业管理咨询有限公司（英文名为 Mango Associates，缩写为 MGA，以下简称上海瀚仕）。为了公司的发展壮大，陈亮不仅在创业早期孜孜不倦地定向寻访（业内术语：mapping）业内人才，还悉心研究各大猎企的业务模式，最终，他选择向英资猎企学习，从职能岗位（财务、人事、法务）入手，以主动专注模式（业内术语：Proactive Specialization，以下简称 PS 模式）切入市场。

同年，一家名为成都汉普人力资源有限公司（以下简称汉普）的猎企成立了，它的创始人刘军并未想到，7 年后，汉普会转型成为国内第一批做线上平台职位的猎企。刘军应该会很感谢有这样的模式出现，因为线上平台模式为他这样的创业者提供了更多的业务和发展的可能。

创业初期，刘军见到什么业务就接什么业务，蓝领工人的外包业务也不放过，可以说是各类能挣钱的业务都做过，他一直在探索做什么和怎么做，也曾一度坚持不下去。

在当时的成都，猎头业务没有那么多，而和大城市猎企竞争全国范围内的大公司客户，"刘军们"没有很强的竞争优势，所以，是继续做人力资源服务的生意，还是做点别的生意？这是很多草根创业者所面临的现实选择。

2007 年，有人开始注意 PS 模式

2007 年对不少普通人来说是一个不错的年份，因为股市和楼市齐飞，到处飘红。股市与楼市的空前繁荣，意味着在"高速公路"上持续前行了二十多年的中国经济又驶入了一个加速周期。

民众觉得经济形势一片向好，很多人并没有意识到，这背后的代价是高能源消耗。根据专家计算，我国的 GDP 占全球生产总值的 5.5%，但为此消耗的资源量十分惊人，我们消耗了全球石油总消费量的 8%、原煤总消费量的 40%、粗钢总消费量的 32%、氧化铝总消费量的 25%、水泥总消费量的 48%、玻璃总消费量的 33%、化肥总消费量的 30%……由于资源消耗量增长过快，我国主要矿产资源的对外依存度已由 1990 年的 5% 上升到了 2007 年的大于 50%，并且这种趋势还在发展。

与高能耗并存的是能源利用效率低下，我国火电供电煤耗每千瓦时为 379 克标准煤，比国际先进水平高 67 克；大中型公司的吨钢可比能耗为 705 千克标准煤，比国际先进水平高 95 千克；电解铝交流电耗为每吨 15080 千瓦时，比国际先进水平高 980 千瓦时；单位建筑面积采暖能耗相当于气候相近的发达国家的两倍，甚至三倍；载货汽车百吨公里油耗比国际先进水平高出一倍以上；现有各类电动机总功率约 4.2 亿千瓦，运行效率比国际先进水平低 10 个百分点以上，相当于每年多消耗电能约 1500 亿千瓦时……很显然，这是一种难以为继的增长模式。

2007 年秋天，国家发展和改革委员会安排了 5.4 亿元国债资金支持 98 个重点节能项目，国务院与中央及地方重点企业签订了 45 份节能目

标责任书，同时，新的《中华人民共和国节约能源法》即将出台。这一系列举措催生了新能源行业热，一些公司开始投身到新能源领域中去，一些猎企开始服务新能源行业的客户，甚至组建了新能源行业团队。只是，这股热潮并没有维系太久，无论是进军新能源领域的公司还是服务这些公司的猎企、猎头团队，都很快遇到了发展瓶颈。其中原因是复杂的，但不可否认的是，资本流向再一次说明，金钱总是涌向更容易快速挣钱的地方。

2007年10月1日，美国《福布斯》亚洲版公布了2007年中国富豪榜，一个陌生的26岁女子成了新一任中国首富——这个叫杨惠妍的广东姑娘是广东碧桂园创始人杨国强的女儿。在这张榜单上，前四位均为地产商，分别是杨惠妍（碧桂园）、许荣茂（世茂集团）、郭广昌（复星国际）、张力（富力集团），前百名中，有39人从事地产行业，而在早前发布的《福布斯》美国400富豪榜中，排名前十的有6位来自IT行业、互联网行业。

碧桂园上市后，成为中国市值最高的地产公司，而在此前的地产界，碧桂园在开发规模、知名度等方面均不是最突出的，其财务压力也巨大。碧桂园的财务总监曾表示，到2006年年底，公司负债40亿元，净负债与股本比约为1.6:1。尽管如此，它的上市还是受到了热烈追捧。

2007年，碧桂园在中国香港成功IPO（首次公开募股），募集资金129亿港元，创造了当时中国地产公司在中国香港IPO的神话，同期上市的还有合景泰富、奥园、远洋、SOHO中国、深圳鸿隆等地产集团。同时，国内已上市的地产公司，如万科、金地等，通过扩股、增发、发债等再融资方式，在股市上募集了几十亿元、上百亿元的资金，为快速扩张储备了充足的"弹药"。

2010年以前,绝大部分地产公司的经理人招聘依赖传统的互联网招聘网站、现场招聘会以及内部推荐、圈内引荐,通过猎头服务引入中高端人才的属于少数,集中于万科、金地、碧桂园等头部地产公司,职位以中低端、中端和中高端为主,即从专业经理、总监级别到总经理级别,极少有VP(副总裁)或者CEO(首席执行官)这样的职位空缺。

除了地产行业,互联网行业的造富神话也在继续,经济看起来欣欣向荣,各行业的人才流动也越来越频繁,无论猎企规模大小,猎头顾问都忙得热火朝天,职位很多,似乎做什么都可以做出业绩。

这一年,英国的Robert Walters(华德士)收购本土猎企Talent Spotter后进入中国,Hudson(翰德)收购Tony Keith后也进入中国,至此,以Michael Page(米高蒲志)、Robert Walters(华德士)、Hays(瀚纳仕)等为代表的英国人力资源服务公司和以Hudson(翰德)、Manpower(万宝盛华)、Kelly Services等为代表的美国人力资源服务公司将在很长时间内成为本土猎企研究的对象。尤其是英国猎企所采用的PS模式,在2008年金融危机爆发后引起了很多本土猎企的关注。

施润春从上海大学的信息管理专业毕业后,没做多久IT人就加入了Talent Spotter做猎头顾问,没承想入职不久就遇到了公司被外资猎企收购的事。怀着看看外资猎头如何做业务的想法,他并没有选择离开。

最初没有选择离开的大多数人后来都陆续离开了,不少人是因为不适应PS模式,只有施润春一干就是3年。在这3年里,除了接受了纯粹的PS模式培养外,施润春也确定了自己适合猎头顾问这个职业,并且觉得自己可以走得更远。得到了充分锻炼后，施润春跳槽去了斯科，当时，从人性化管理的角度看，斯科在业内的口碑相当不错。

为什么多数在大客户模式（业内惯称 KA）下成长的猎头顾问不适应主动专注模式（业内惯称 PS）呢？有多方面的原因，其中一条是个人有无转变意愿。大多数人的心理是打一份工而已，何苦折腾自己，只有少数人愿意尝试弄清楚不同模式的利弊，让自己更好地成长。显然，施润春是后者，在斯科工作了 3 年后，他没有选择创办一家猎企，而是选择创办一家为猎企提供 IT 系统的公司。

吃、穿、住、行是民生根本，在人们大多关注着消费、零售、汽车、地产等行业时，猎头前辈们还关注到了医药行业。这一时期，正是大量外资药企开始在华建立研发中心的时期，它们的招聘需求开始从过去的销售、生产类职位向研发类职位过渡，这为后来医药猎头助力本土药企的发展打下了知识和人才储备的基础。

因为医药行业职位需求陡增，除了之前的外资猎企 Hudson（翰德）、Hays（瀚纳仕）和少量本土猎企涉及医药业务外，猎头行业开始普遍重视医药这个赛道，并呈现逐步专业化的趋势，很多猎企组建医疗大健康团队，以团队之力，全面支持客户的业务。其中，科锐国际、道翔、百默、惠永、仲望咨询等猎企都开始集中在医药赛道布局。

此外，2007 年，日本 Intelligence 株式会社与 1996 年成立的上海创价咨询有限公司合作成立了英创人才服务（上海）有限公司——一家专注于服务日企中高端职位的人力资源公司。

值得指出的是，知名的日资人力资源公司不多，因为除屈指可数的欧美系跨国大公司外,日本绝大多数公司奉行终生雇佣制,员工稳定性高,一个人可以一辈子就职于一家公司,且日资公司习惯招募懂日语的应届生进行内部培养,管理层几乎都是日本人,由于日资公司的这些特点,服务日资公司的人力资源公司和服务其他国家及地区的公司的人力资源公司是截然不同的,几乎可以说是"老死不相往来"。在日资人力资源公司中,最为知名的 Recruit(日本瑞可利集团)较为不同,是一个多元化业务集团,其在 2012 年收购了港资猎企伯乐,在 2013 年收购了本土猎企 Brecruit(英智)。其他比较知名的日资人力资源公司还有 RGF(艾杰飞),2001 年进入中国;Pasona(保圣那),2006 年进入中国。

2007 年 2 月,美国汇丰银行宣布北美住房抵押贷款业务遭受巨额损失,美国的次贷危机已经拉开序幕,但这件必将波及全球的大事并未引起国内多数民众的注意,2007 年,不少中国人心中都有"大国崛起"四个字,对明年有着更美好的期待。

在即将到来的金融危机之后,猎企才集体意识到,要多做民营公司的生意。

2002—2007年总结：
外资猎头VS内资猎头

改革开放四十余年间，中国经济发展依靠的因素很多，其中有一个重要因素，即人口红利——拥有大量高质量、低成本的劳动力。这里的劳动力不仅指工厂里的蓝领劳动者，也指大学毕业的白领劳动者。这得益于我国对义务教育的持续投入和高等教育持续扩容。

这些年，大学毕业生的人数在逐渐增加——2002年约145万人，2021年约909万人。在日益增大的就业压力下，应届生们都在想还有什么领域是未知的蓝海、是自己可以投身且有发展前途的，慢慢地，更多人关注到人力资源服务产业，关注到猎头职业。

每年，都会有应届生问"去大公司还是小公司？""去A行业还是B行业？""去外企还是民企？""去国企工作还是考公务员？"……去知乎的问答区看一下，会发现这类问题下有无数具体的选A公司还是B公司的答案。

主流观点并非一成不变。早些年，外企最受年轻人欢迎，这些年，向往热门行业的民企、稳定的国企的年轻人越来越多。把这个问题放在对猎企的选择上去看，会发现情况类似——应届生们不再把外资猎企作为最优选了，他们的提问中，出现了越来越多民营猎企的名字。

但无论是回望历史还是放眼当下，绝大多数民营猎企的管理水平是远远落后于外资猎企的。固然，外资猎企各不相同，但我们可以从共性上找一找值得学习的地方，因为正是这些地方的差距，束缚了很多民营猎企做大做强。有些差距受历史条件限制，还有些差距是可以缩小的。

并且，差距并不都是业务模式的差异（KA模式和PS模式的差异）造成的，且不说一些外资猎企用的也是KA模式，就说顾问的高均产（人均产出的业绩额），并不仅和业务模式相关，更和以下五个方面相关。

1. 业务定位

早些年，外资猎企获取客户、获取订单比本土猎企容易得多，这种竞争优势延续了十多年。因为外资猎企有品牌、有历史、有客户和人才资源的积累，还有全球合作客户可以分发订单到中国，并且，其内部有成体系的管理制度、规章流程、培养机制，这些优势孕育了一个潜在优势，即外资猎企的订单定位（职位）可以更高，定价（费率）也可以更高。

换言之，在细分领域的客户卡位上，它们往往可以占得先机。对民营猎企来说，"高勇"们努力争取的，不过是那些外资猎企不愿意啃的"骨头"职位，这些职位的收费不高，因为职位的层级并不高。这意味着民营猎企要想实现高均产，难度会更大。30万元年薪、25%收费和50万元年薪、28%收费，差异很大。

2. 管理制度

制度化管理是很多民营猎企早些年所缺乏的，甚至到今天仍不太完善。毕竟，靠创始人一己之力搭建一系列制度非常难，朝令夕改的事常有发生。单单一个薪酬福利制度或晋升制度就会难倒不少初创者，更不要提约束员工的行为规范等一系列制度。

当然，如果有心，进行模仿是不难的，真正难的是让制度落地。很多民营猎企，即便是有了一定人员规模的民营猎企，在人力资源部门、行政部门、IT部门、法务部门的配置上也常常过于节省，这就导致即便有制度，也难有跟进制度落地的人员。换言之，整个公司没有现代化公司管理机制，老板只是在管人、做业务，并没有在管理组织、做公司。

3. 精英文化

这里的文化，不是指人文关怀、福利体系、使命愿景、价值观，尽管这些都属于文化。这里的文化，仅仅指招聘人才这一个细节点。外资猎企往往能够基于自身优势，提出更高的招聘要求，并相对轻松地获取人才。

组织更容易打造精英文化，组织本身通常也是推崇精英文化的。

猎头工作的性质需要员工有较高的综合素质，毕竟其工作属性高度近似于管理咨询。培养优秀顾问并非易事，所以，招聘人才一事决定了后面的事是事半功倍，还是事倍功半。

4. 培训机制

大部分外资猎企延续了全球总部的人才培养机制，是有员工培训的，这和民营猎企纯粹靠师徒制培养员工有很大的不同。有教材、有讲师、有制度、有预算的培训和不定期组织的内部分享会是不同的，和靠资深顾问面对面传授自己经验的带教也是不同的，这种不同，不仅会造成人才招募阶段的吸引力差异，还会造成人才进入组织后的个体感受差异，更会造成组织为自己有规律地输出成熟顾问、形成人才梯队的差异。

5. 操作系统

除上述四点外，操作系统的优劣和人员有无使用操作系统的习惯是被早期民营猎企忽视的，后来，民营猎企花了很多时间补救，但多数没有补救成功。和外资猎企大多有可沿用的操作系统（同时也是人才、客户资源数据库）不同，大部分早期民营猎企没有操作系统，只能用Excel表格来管理人才、客户联络记录。

这意味着顾问的个人资源很难转化成组织的集体资源，即顾问走了，资源就没了，或者就算顾问走了，资源得以留存，后人查询调取也不方便，猎企想进行数据分析、归纳整埋，会耗时巨大。

与此同时，这还意味着很难将顾问的操作标准化、流程化，因为没有工具可以用来对顾问做业务的过程进行必要的动作监控，控制顾问作业水平的基准线。一些民营猎企的创业者尝试过自己找人开发操作系统，但往往由于投入的成本不足、找的人对猎头业务的理解不深刻、自己很难把业务语言转化为IT语言等原因，最后不了了之。

无论有没有操作系统，民营猎企的顾问都已经养成了使用Excel的习惯。人的操作习惯一旦养成，很难改变，这一点令很多民营猎企经营者头痛，即便后来有了谷露、品聘、璞心、倍罗等操作系统，一些民营猎企也投入大量资金开发了自有操作系统，都没有能够很好地解决顾问的操作习惯问题。

Hudson（翰德）等外资猎企在这一点上略胜一筹，原因有两个，一则，刚进入中国时，它们的顾问就被要求用成熟操作系统办公；二则，它们的操作系统的确可以为顾问输出资源，"人人为我，我为人人"的正向资源积累循环是被打通的。

除了所使用的操作系统在设计上存在优势外，更多的还是管理制度上的优势。好的管理制度不仅是对人性的约束，也是对人性的利用。

人性并不惯于给予。对于这一点，当年大多数年轻创业者的理解可以说是极其不深刻的，以至于他们自己不擅长给予，没有为顾问（员工）提供足够有养分的土壤、水分、阳光，但期待顾问（员工）能够乐于给予，自己拼命生长、自学成才。

总之，那些把大量的时间、精力用在做业务上，没有提升自己的管理水平、公司的管理制度、组织的运营能力的创业者不是退出了市场，就是泯然众人了。那些看到自己和外资猎企的差距后，拼命学习、努力模仿的民营猎企，则大多一步步做大做强了。

从全行业看，这个进程是较为缓慢的，因为我们都处在一个非常好的历史周期——40年的经济高速发展期中，很多问题被忽略了，大到国家的经济发展一度依靠高能耗模式推动，小到猎头行业里多数猎企都是作坊式运作。

生物进化都是因环境所迫，只有环境变了，人才能变、组织才能变。这样的环境变化，恐怕刚刚到来。

Part 03
第三部分

2008—2017 年
——中国猎头行业发展的第一个高峰期

2008—2012 年：
制胜的秘诀

2008 年，创新者初登台

2008 年，既有令人揪心的汶川大地震，也有奥运会的开幕。奥运会在北京举办，这无疑是会载入中国史册的重大事件，国人第一次不出国门便可以现场看奥运会，我国的运动健儿第一次在奥运会上拿到了金牌总数第一的成绩（如图 3-1 所示），可谓国威大展。

但这一年爆发的金融危机在人们心中留下的印记恐怕一点都不逊色于奥运会，甚至在人们记忆中留存的时间更长。

美国爆发次贷危机，雷曼兄弟股价骤降（如图 3-2 所示），中国的决策层及经济界一直以"观影团"的姿态观望在华尔街上演的崩盘大戏。

奖牌榜

名次	国家或地区	金	银	铜	总数
1	中国	51	21	28	100
2	美国	36	38	36	110
3	俄罗斯	23	21	28	72
4	英国	19	13	15	47
5	德国	16	10	15	41
6	澳大利亚	14	15	17	46
7	韩国	13	10	8	31
8	日本	9	6	10	25
9	意大利	8	10	10	28
10	法国	7	16	17	40

图 3-1　2008 年北京奥运会奖牌榜前 10 名

图 3-2　雷曼兄弟股价变动

即便如此，恐怕多数人并未真的把在美国发生的次贷危机和自己联系起来，猎头行业的广大从业者也是如此。大家可能更多地在关注《中华人民共和国公司所得税法（草案）》的颁布，以及《中华人民共和国劳动合同法》的全面实施。

《中华人民共和国公司所得税法（草案）》规定，内资、外资企业税率分别由33%、15%统一为25%。路透社在一则消息中评论说，中国试图打破内外资企业税收不公平的规则，这意味着这个最激进的外资引进国正逐步终结国际资本的"超国民待遇"。

对外资"超国民待遇"的取消，是一项悄然有序进行的工作。

两年后的2010年12月1日，中国宣布正式对外企征收城市建设维护费和教育附加费，这意味着中国境内的所有企业统一了税制。《中华人民共和国劳动合同法》规定，所有企业雇用员工，必须签署劳动合同，一旦解雇，必须给予员工补偿。可以说，新的法律法规让中国的投资环境变得没有过去那么宽松了，但这也说明，中国的经济发展模式在悄悄地变化，我们以廉价劳动力和广阔市场换投资和技术的发展方式正在慢慢地调整。

2008年，科锐国际已经有300多人的规模了，能跟在一众外资猎企后被职场精英们提及，也开始被不少同行知晓。科锐国际的RPO业务开始步入正轨，此时，服务Honeywell International（霍尼韦尔国际，一家多元化高科技企业）的RPO团队还名不见经传，可能未曾想到自己会在日后成为业内熟知的典型案例的主角。

但这些都不比另一个重要事实来得振奋高勇的心，那就是科锐国际获得了全球知名风险投资公司——Matrix Partners（经纬创投）的投资。这一年，科锐国际中服务大行业的团队，如工业团队，已经有了细分团队（汽车、化工、工业），实现了多地办公，更领先于行业的是，团队负责人曾诚提出了RC（Research Consultant，寻访员）培养机制，由专人带教新入团队的寻访员，进行 Cold Call（陌生电话）实操，每日实操后，寻访员都要提交工作报告，并参加总结分享会，表现达标者，后续才有资格协助顾问进行具体的职位交付。尽管由于多方面原因，这个培养机制在落地了几届后没有持续，但其成了科锐国际日后在苏州建立 Call Center（后台职位交付中心）的雏形，且经这个培养机制培养出来的寻访员，几乎都成了团队的骨干，因为他们的交付能力极强，寻访基本功扎实。坊间传言，当时的伯乐咨询对寻访员的要求是一天打 100 个 Cold Call（陌生电话）、拿到 20 个候选人的联系方式。这个标准曾被不少猎企和猎头团队效仿，只是真正落地的极少，原因是复杂多样的。

从寻访员到助理顾问、顾问、资深顾问，再到团队长，这一层级设定是外资猎企的传统，早期的民营猎企也是这么做的。只可惜，由于被以为是一门低成本的好生意，猎头行业受到越来越多的关注，从业者数量逐年上升，慢慢地，很多小微猎企开始跳过让员工做寻访员的阶段。表面上看，这是给予员工更有吸引力的职位级别、更多的职能权限，实则是在揠苗助长。

这类小微猎企，一开始就让新手背负业绩指标，看似降低了人工成本，实则压缩了积累资源的时间窗口；看似缩短了组织所需要给予的培养周期，实则培养的顾问没有基本功，心浮气躁。后果是严重的，即这些人难担重任，难有高业绩者涌现，即便有高业绩者成长为团队长，这些团队长也鲜有培养新人的意识和意愿。

很多时候，流行要经历过偏离才能回归，而那些始终没有偏离过的公司，没有想过走捷径的公司，可以更早地收获、更久地存活。

到这一年，庄华已经在伯乐CEO的位置上工作两年多了，从一开始不适应猎头业务的管理模式成长到此时，他已经对各项工作驾轻就熟。伯乐的创始团队希望将业务拓展到全球，经过慎重考虑，决定依托更大的平台来实现这一宏愿。在接触了全球几大集团之后，他们最终选择了Recruit（日本瑞可利集团）。瑞可利集团同意保留伯乐品牌，收购价等各方面条款也最符合伯乐创始团队的预期，彼时，庄华信心满满，希望将大中华区的业务拓展到更广阔的区域去。

与此同时，发展了7年多的斯科，已经在全国有7个办公室了，不喜欢事必躬亲的刘汪洋开始把招聘权、财务权下放。刘汪洋的老朋友余仲望的仲望咨询也从2003年的十几人发展到了此时的120多人。

谈到仲望咨询的发展，必须提到一个人，景红。2005年，景红由一家大型保险集团的人力资源经理转型成为猎头顾问，加入了仲望咨询。在同时拿到知名外资猎企的Offer的情况下，她选择了当时名不见经传的仲望咨询，理由是"觉得老板特别真诚"。加入仲望咨询后，景红从BD（商务拓展）一路做到了CEO，为仲望咨询带来了很多先进的理念、规范化的管理制度。2012年，在景红牵线、团队共同努力了两年之后，仲望咨询终于被破格批准加入国际高端猎头组织InterSearch，成为该组织中唯一非预付费性质的猎企，也是唯一的中国猎企。2019年，InterSearch在上海举办了全球年会，此次年会由仲望咨询承办（如图3-3所示）。

图 3-3 InterSearch 全球年会

注：图片由仲望咨询提供

2008年5月13日，锐仕方达在北京成立。谁都没想到，在锐仕方达成立后的很长一段时间里，只要在百度搜索关键词"猎头""猎企"，这家猎企的名字一定会出现在前三个搜索结果中。这是业内最舍得在广告投放上花钱的猎企，确切地说，在此之前，几乎没有猎企会花钱做营销，更别提购买百度搜索关键词了。

有人说，能够颠覆一个行业的，往往是外来者，黄小平恐怕就是这样的人。黄小平出生在四川泸州一个偏僻的小山村，19岁高中毕业后，报考军校落榜。不想学医的黄小平放弃了成都中医药大学的入学机会，坚持报考军校，但由于种种原因，他未能如愿，于是，黄小平选择直接北上参军，成为一名战士。

2003年年底，黄小平在部队考军校再次失利后，揣着2000元复员费到北京闯荡，首站去了中国人民大学培训学院，进修中英商务管理课程，在此期间，他多次前往北京大学、清华大学等高校，旁听名人演讲。后来，他对互联网产生了浓厚的兴趣，自学编程，开启了个人站长生涯。

首次互联网创业失利后，黄小平于 2005 年加入 58 同城早期创业团队，成为一名产品经理。3 年后的 2008 年，黄小平和妻子一起创办了锐仕方达。

创办锐仕方达这一年，黄小平 26 岁。

曾国藩说的"屡战屡败，屡败屡战"在黄小平身上体现得淋漓尽致。就是这样一个当兵的人，在两年后的 2010 年独创了 CPM 合伙人制度，鼓励内部创业。在他之前，尝试过合伙人制度的猎企掌舵者很多，以合伙人名义给予顾问上升通道的操作也很多，但没有哪家猎企像锐仕方达一样，于短短几年间形成了如此大的人员规模，并实现了可观的营收。可以说，从布点到规模、从速度到营收，锐仕方达打破了很多人对猎企的想象。之后，业内的一些公司，如上海沃锐人力资源有限公司、埃摩森（中国）管理咨询有限公司等，都被认为是采取了和锐仕方达相似的发展模式。

2019 年，锐仕方达举办了企业文化与战略升级发布会，合影中人才济济，都是锐仕方达的中坚力量（如图 3-4 所示）。

图 3-4 锐仕方达企业文化与战略升级发布会

注：图片由锐仕方达提供

多数人没有想到，我们也会遭遇金融危机。尽管美国次贷危机的相关新闻铺天盖地，但很多人觉得和国内经济没什么关系，直到 2008 年第四季度，甚至是到了 2009 年第一季度，猎头顾问们才齐齐惊呼："没有职位做了！"

一切来得很突然，突然到上个月大家还忙得天翻地覆，这个月大家就发现，职位不是被冻结，就是暂停面试。

"危机"一词可以解读为"危中有机"，一些猎企在 2009 年倒下了；一些猎企则获得了第一次经历风浪的机会，进一步实现了自我发展；还有一些猎企，随着一些行业的崛起而诞生，并在日后成了耀眼的明星。

2009 年，危中有机，新人涌入

2008 年全球金融危机的影响在国内全面显现时，已是 2009 年。

当危机来临并不可避免地波及猎头行业时，多数人并不知道危机会持续多久，但所有人都不想就此倒下。裁员、降薪、强制休假的措施很快被企业主们采用，因为这些措施是最立竿见影、最容易实现短期利益最大化的措施。猎头行业里的企业主也不例外。

如果熟悉猎企的运营节奏，不难发现，它的资金链压力是不小的。从接到一个职位需求到人选去上班，平均周期是 3 个月，客户付款通常需要 1 个月的时间，换言之，一笔交易的回款周期平均为 4 个月。如果没有新职位需求，意味着在接下来很长的日子里没有收入。如果连续两个月没有收入，那么员工的工资、场地的租金等都将成为问题。

"21 世纪最贵的是人才""人才是第一生产力"……诸如此类的话，大家都听说过，而这些话对猎企来说，更是毫不夸张，因为猎企最重要的资产就是有经验的成熟顾问。如何在保住顾问的基础上度过危机，是真正理解猎头生意本质的老板会优先考虑的事，大家"八仙过海，各显神通"。

FMC 做出了关闭非核心办事处，保住北京、上海、广州三地办事处的决策，秉持着"胜，举杯相庆；败，拼死相救"的精神，公司不裁员、不降薪，从核心合伙人开始，从上往下，逐层自愿缓薪（但不降薪）。在这样的措施下，危机中的 FMC 团队健全，毫发未伤。在哀鸿遍野的 2009 年，FMC 居然实现了同比 10% 的营收增长！

与此同时，伯乐的庄华面对着两个选项，一是采取裁员和强制休假的措施，二是采取降低职位收费费率、调低预付费客户比例的措施，在这两者中，庄华选择了后者，即保住顾问。

总体而言，虽然一些还未扬名的本土猎企就此倒下了，但是更多的猎企只是暂时放缓了增长的脚步。还有一些猎企，由于所处地域的不同，反而在"危机"中获得了新的"机会"。

中国香港是世界第三大金融中心。2008年的次贷危机后，外资投行在全球进行大幅裁员，在中国香港市场冻结了大部分招聘岗位。在此期间，大量外资投行人才失业，不少人在这个阶段彻底离开了金融行业。

同期，中资银行纷纷乘势进入中国香港设立投行，如建银国际、交银国际等大型国有银行。一些大型的中资券商，如海通国际，通过并购的方式，于2009年收购中国香港本土券商大福证券，进入中国香港市场，从此开启了中资银行和中资券商的国际化道路。

中资银行和中资券商刚进入中国香港时发展得并不顺利，无论是薪资水平、知名度、业务规模、企业文化，还是人事制度，都和在港发展多年的外资投行存在差距和差异，虽然能够吸引一些从贝尔斯登、雷曼兄弟等因受到金融危机冲击而破产的外资投行中离职的高管或团队，但总体发展依然处于起步阶段，发展比较缓慢，更多的是从中国香港本土券商中吸引人才。

彼时，中国香港的金融猎头市场已经十分成熟，但大部分金融猎头服务于外资投行，金融猎头从业人员以外国人和中国香港本地人居多，很少有服务中资金融机构的猎企，在有限的服务中资金融机构的猎企中，上海贤驰企业管理咨询有限公司（英文名为JH Partners Aisa，以下简称上海贤驰）是最早起步的几家之一。

回过头来看，大家发现，这场危机对猎头行业的从业者来说，真正受影响的只有一到两个季度。危机似乎是一夜之间来了，又一夜之间走了。在危机来临、外资客户需求骤降时，很多猎企终于把视线转移到民营企业、国有企业身上，加大对这些企业占主导地位的行业的关注，进行了一次"大扫荡式"开拓。在这次开拓中，采取全民 BD（BD 即 business development，指拓展新客户）、全民 mapping（业内术语，指对目标群体进行全面寻访，掌握他们和他们所在的组织、部门等各方面的信息）措施的猎企是大多数。在这场危机中，本来就有一定人才积累和人员规模的猎企复苏得很快，当然，追本溯源，众多猎企能够如此迅速地走出金融危机的负面影响，得益于中央政府 2008 年年末的决策。

2008 年 11 月 9 日，中央政府宣布强力启动拉抬内需计划，两年内扩张投资四万亿元，这便是日后非常著名的"四万亿计划"。在随后的一个多月里，国务院先后密集完成了汽车、船舶、石化、纺织、轻工、有色金属、装备制造、电子信息、物流等十个重点产业的调整和振兴规划的编制工作，即"十大产业振兴计划"。由于政府的快速反应，救市效果很快显现，在政策的刺激下，被重点扶持的行业迎来了新一轮增长。

在所有实体产业中，2009 年，最值得被记录的是汽车产业。这一年，中国汽车销量达到 1364.5 万辆（如图 3-5 所示），一举超过美国。

图 3-5 2009—2016 年中国汽车销量

在过去一百余年的现代工业史上,这是从来没有发生过的事情。

汽车被称为工业文明桂冠上的明珠,其制造链条涉及 70 多个行业,产业配套要求极高、对制造及消费经济拉动极大,因此,在服务工业客户的猎企中,很容易分化出专门服务汽车行业的团队。

不同的猎企,即便设置了服务同样行业的团队,所切入的细分赛道也是不尽相同的,或者说,跑通的细分赛道是不尽相同的。比如,当时的科锐国际的汽车团队更专注于整车公司,上海纬特施(WITS)的汽车团队则更专注于配件公司。这一点,在其他行业,如医药医疗行业,也是一样的。

此时,距离马斯克收购陷入困境的特斯拉,试图抛开传统的发动机、变速箱和离合器,打造一辆纯电动的"互联网汽车"已经过去 4 年了,但要等到硅谷替代底特律成为新能源汽车革命的策源地,特斯拉进入中国后,广大的国内汽车猎企、猎头团队才能以供应商的身份加入新能源车企大战。

除了汽车行业，特别值得一提的便是地产行业了。2009 年，全球金融危机寒意正浓时，中国的地产行业率先走出低谷。相关机构公布的第一季度数据显示，全国 30 个重点城市中，有 24 个城市的住宅成交面积环比上升，其中，10 个城市的环比增幅超过 50%。这一年，地产市场的继续升温令负债率高达 97% 的恒大地产集团有限公司（以下简称恒大地产）又活了过来。2009 年的许家印大概是满面春风的，他应该不会想到，2021 年，恒大地产的负债会高达 1.95 万亿元，还有超 2000 亿元的商票逾期。

虽然十大行业里并未提及地产行业，但资本是逐利的，很多人会随着市场环境的变化调整自己的职业方向，曹平是其中一个。

上海人曹平大学毕业后，抱着子承父业的想法，投身外贸服装生意，但一年多之后，他跟随一个朋友，转行做了猎头。那时，他所在的猎企服务的主要是外资公司，2008 年下半年就没有职位需求了。就在他犹豫是否要在公司里坚持的时候，又一个朋友找到了他，劝说他一起创办一家属于自己的猎企。就这样，曹平踏上了猎头创业之路。在不长的垦荒期后，曹平锁定了地产行业。在某地产集团发生巨变前，曹平所创办的上海铜雀商务咨询有限公司（2022 年 7 月 1 日该公司正式更名为"钛客人力资源有限公司"，考虑到对过往事件的熟悉程度，本书中使用其原称进行论述，以下简称铜雀咨询）一直是其主要合作的供应商。每年单服务这一家地产集团，就能为铜雀咨询赚取千万元级别的佣金。

2009 年，是中国互联网的转型年。由新浪、搜狐、网易"三巨头"统领的新闻门户时代，向以百度、阿里巴巴、腾讯为头部的 BAT 时代转轨。

日后，但凡在互联网猎头圈里做得不错的顾问或被同行津津乐道的猎企，都绕不开 BAT 这三大集团。

2009 年 8 月 14 日，被命名为新浪微博的产品内测上线，8 月 28 日，新浪微博正式公测，在某种意义上，这是中国舆论市场的"革命日"。当然，日后，有一众新产品（微信、抖音、B 站等）出来与微博这个产品抢夺市场，也有新公司（字节跳动）出现，挑战 BAT 的江湖地位。

科锐福克斯于 2008 年下半年开始正式聚焦互联网领域，从早年服务 EMC（易安信，美国信息存储资讯科技公司）、Intel（英特尔，半导体行业和计算创新领域的全球领先厂商）等公司，正式转向服务土豆网（现已被优酷收购）等视频网站、网游公司，凡是有互联网概念的公司，都是科锐福克斯服务的对象。

如围城般，有人出去，就有人进来。两年后的 2011 年，上海，会有一家叫上海索乐企业管理咨询有限公司（以下简称索乐咨询）的猎企成立，7 年后，这家猎企将正式转型成为专注地产行业的猎企。和索乐咨询一样，很多猎企并非一开始就想专注服务一个行业，只是在遇到一个风口行业时，顾问都想服务这个行业，猎企管理者就很难扭转各业务线发展不平衡的情况，很容易出现一枝独秀的现象。

有些猎企之所以一直处于什么行业都服务、什么客户都有的状态，往往是因为它们一直没有能够将处于风口期的行业服务好。能够将一个行业服务好的猎企，基本上不仅能存活，还能存活得不错，即便后续遭遇被迫转型或新增其他要服务的目标行业的情况，也相对从容。

2010年，从外资客户到民营客户

2010年，中国GDP增长创下10.6%的峰值，总量达到约41万亿元，这意味着中国首次超过日本，成为世界第二大经济体。在2005年时，新浪微博上曾有人乐观地估计实现这一目标需要到2015年，当时，大多数人觉得这个估计不切实际，不承想，竟然提前5年成为现实。

2009年的"四万亿计划"的确拉动了国内经济，一众行业进入发展快车道，其中就有汽车行业。我国的汽车行业和其他行业一样，属于起步晚的待发展行业，前期走的是土地换技术、合资换发展的路径。2009年，中国的汽车销量达到1364.5万辆，一举超过美国，在过去一百余年的现代工业史上，这是从来没有发生过的事情。

2008年的金融危机让大洋彼岸的通用汽车公司损失惨重，2009年6月1日8点（美国东部时间），通用汽车公司正式向纽约南区联邦破产法院申请破产保护。我国吉利汽车的掌门人李书福打算收购沃尔沃汽车，起初是没人信的，以为是笑谈，没想到同年10月，福特汽车宣布以吉利汽车为首的收购团队成为沃尔沃汽车的优先竞购方。同年12月，双方正式对外宣布，已就主要商业条款达成一致，吉利汽车以18亿美元的价格对沃尔沃汽车实施100%股权收购，后者变成吉利集团的全资子公司。

2010年似乎是服务汽车行业的猎企、猎头团队注意到民营汽车公司的元年。早些年，服务汽车行业的猎企、猎头团队大多服务于汽车配件供应商，因为几乎所有汽车配件供应商都是外资公司，而汽车整车厂大多是国有企业或合资企业，由于种种原因，这一局面在不久后被打破，其中的原因很多，例如吉利汽车的大手笔投入、各大车厂前仆后继地进军新能源汽车领域、汽车经销商集团日益巨头化等，没有哪个猎企、猎头团队可以继续安心于只服务外资客户了。

也是从这一年开始，服务汽车行业的猎头开始听说一家叫北京联洋信达人力资源顾问有限公司的猎企（2016年4月，这家猎企正式更名为"北京联洋人才科技股份有限公司"，以下简称联洋人才），这家猎企从创立起就专注于服务汽车行业的民企、国企类整车客户，据传，一个本土客户单年度的业务额就达到过千万元，这对当时服务外资客户的汽车猎头来说是不可想象的。

2010年，此前在外资汽配公司佛吉亚做到人事经理、FMC第一届管培生出身的姚京，在就读MBA（工商管理硕士）期间创办了上海纬特施（WITS）。让他下定决心创业的一个很重要的原因是他所信任的一位前辈Jimmy告诉他："做汽车行业的业务，一个团队是做得到年营收一千万元以上的。"

对于很多猎企来说，年营收一千万元是第一道门槛。我国猎企数量庞大，但从总量占比上来说，在当时真正跨上千万量级的猎企、猎头团队极少。姚京借用了朋友办公室的4个工位，开始了创业之路。5年后的2015年，他的团队做到了年营收一千万元——这仅仅是服务汽车零配件客户带来的结果。2016年，他的团队把客户群体扩展到了整车领域。

2010年，似乎是互联网行业真正走到大众面前的一年。这一年，腾讯的半年度利润约37亿元、百度约13亿元、阿里巴巴约10亿元、搜狐约6亿元、新浪约3.5亿元，腾讯的利润比后四家互联网巨头的利润总和还要多。在 3 月迎来 QQ 同时在线用户数达到 1 亿人之后没多久，腾讯迎来了对它的讨伐声浪，最为大众熟知的便是奇虎 360 发布的《QQ 窥探用户隐私》等一系列"檄文"。

随着"讨伐"逐渐激烈化、公开化，最终，腾讯做出了一个"艰难的决定"——在装有 360 软件的电脑上，不予运行 QQ 软件。奇虎 360 迅速做出反应，"恳请"用户坚定地站出来，3 天不使用 QQ。在这场历时一个多月的"3Q 大战"中，双方刀光剑影、招招死穴，数亿网民被动卷入，互联网秩序大乱。

经此一役，不少用户感受到了互联网时代"巨头"的力量，日后，他们更会发现，自己的衣食住行将几乎离不开上述几家公司。

无数人争破头，想跻身这些大厂，获得高薪工作，必然有无数猎头在他们身后为他们服务。

因为互联网行业的独立性、巨大潜力和良好前景，很快，专注服务于这个行业的一批猎企崭露头角，并在之后几年内迅速成了业内知名猎企。2008 年，奥运年，南下上海的人群中有一位普通的 IT 工程师叫潘虎，他在两个 Offer 中选择了一家猎企，当时的想法是："我可能更适合做与人打交道的工作。"在普金人资工作了一年多后，如很多前辈一样，潘虎被人鼓动，加入了创业大军。此时的他，并不知道自己的公司会在两年后创业失败，更不知道自己会选择接着创业，并且投身服务互联网行业的猎头大军。

很多人跟着潮流学了计算机专业，但毕业后发现自己并不喜欢编程，也不喜欢研究技术，于是选择转型。从旁观者的角度看，我们会惊奇地发现，不少服务互联网行业的猎企的创始人都有 IT 背景，这无疑和互联网行业重技术、技术职位壁垒高且需求量大有很大的关系。

2010 年，世界博览会（以下简称世博会）在上海召开，无疑是一件振奋人心的大事。如果说 2008 年奥运会拉动的是奥运经济，由大量基础设施建设推动经济增长，那么世博会除了拉动旅游经济、基建经济之外，还多了一份纯粹的投资经济。

2010 年，上海已是全国最大的金融中心和跨国公司总部聚集地，上海港的集装箱吨位数超过新加坡，跃居世界第一大港，这解释了为什么大量猎企，无论内资、外资，都把总部设在上海。即便后来，互联网行业的巨头相对集中于杭州、深圳、北京，上海也没有被"抛弃"，在上海扎根、专注于服务互联网行业等新兴行业的猎企并不在少数。

上海周边，除杭州外，苏州、南京也有不少猎企活跃着。

大众的目光都被互联网行业和地产行业所吸引，如果有人从猎头行业的发展角度看一看的话，会发现，其实国内金融行业这两年的发展也是可圈可点的。2008 年，全球性次贷危机引发了金融海啸，知名公司雷曼兄弟倒闭，外资猎企纷纷在中国裁员，MRI 关掉了好几个中国区办公室，不承想中国政府实施了四万亿救市政策，为地产行业和金融行业大量输血。这次危机使中国一跃成为世界强国，总体上，外资金融机构在中国的业务并未受到太大的影响，一些看好中国市场的外资金融机构还得到了发展契机，比如渣打银行（中国）逆势增长，在很多业务布局上超越了竞争对手；荷兰银行却被苏格兰银行收购，导致错失发展契机，最终退出中国市场。

当时还是普金人资上海分公司总经理的花少群观察市场后，给公司定的战略方向是争取逆势增长，这一决策让公司在金融行业稳居人才供应商头部梯队。

很多外资猎企在金融危机时撤资或裁员的举动让自己错失了一次占领市场的好时机，本土猎企及部分看好中国发展的外资猎企得到了绝佳的发展契机。科锐国际、上海瀚仕、大瀚等猎企，都在金融危机后进入了高速发展期，不仅在医药、地产、快消品等行业迅速扩张，也逐步在高门槛的金融行业积极布局。

看到这一走势，花少群离开了服务8年的普金人资，在2010年加入了科锐国际，任职公司的金融行业团队总监。

2011年，猎头走入大众视野

2010年，中国制造业产出占全球制造业产出的19.8%，第一次超过美国的19.4%，把美国保持了一百多年的"制造第一大国"的头衔揽入自己怀中。可是，中国的经济发展也遇到了双重危机。

其一体现为外贸萎缩。从2007年到2010年，4年里，我国的国际贸易增速连续下滑，并且看不到回暖的迹象，与此同时，制造环节的各项成本在抬升，无论是劳动力、土地，还是原材料，成本都水涨船高，如一根根绳索，勒紧企业主的脖子。仅在珠三角地区，就有一千余家台资鞋企不是缩产歇业，就是将工厂转移到东南亚地区。

其二是互联网力量造成渠道突变。电商渠道的发展给传统消费渠道带来了极大的冲击,年轻消费者越来越习惯网上购物,经典的金字塔式分销模式开始崩塌,数以万计的专卖店或百货公司连锁柜台少有人光临。

2011年1月21日,腾讯推出新产品,定名为"微信"。这款日后如日中天的国民软件奠定了张小龙在腾讯乃至整个中国互联网圈内的江湖地位。

同年,雷军的小米帝国拉开帷幕(小米科技有限责任公司成立于2010年3月3日,爆发于2021年)。在小米手机发布会(8月)之后的半年里,小米手机成为最畅销的手机产品之一,销量狂飙般突破一百万台——交易全部在互联网上完成,没有地面渠道的支持。

与此同时,阿里巴巴上线于2003年的支付宝在这一年成了全国最大的第三方支付工具。

可以说,互联网行业带来的用户端消费习惯的变革、支付方式的变革,和产品供货端渠道的变革,对传统制造业的冲击日益明显。奥运冠军李宁一手创立的运动品牌"李宁"2010年的净利润暴跌至11.08亿元,到2011年,更是"跳水"至3.86亿元,相当于两年前的十分之一,股价在短短5个月时间里被腰斩。

李宁(运动品牌)的危机是结构式的——在渠道上,渠道能力萎缩,导致库存激增;在品牌上,不如外资品牌具有辨识度;在价格上,没有安踏等品牌的低价竞争力。

在运动服饰领域,李宁危情显然不是孤例。国内有近百个本土品牌,连锁店规模超过3000家的就有特步、361°、乔丹、鸿星尔克、德尔惠、康踏、贵人鸟、柒牌、利郎、金莱克等。网购的兴起让这些品牌遭遇了关店潮，但真正的危机并不是渠道变化带来的，而是产能过剩、成本优势不再明显。

当然，互联网的影响远不止这些，也不仅对本土品牌有影响。那些在过往30年间取得巨大成功的国际品牌，在新的竞争环境下，表现得也不尽如人意。

日用消费品公司"巨头"之一的宝洁公司进入中国已经23年，它一度与可口可乐公司一起，被视为最成功的跨国消费品公司。宝洁公司的营销模型和品牌理念是中国众多公司学习的"教科书"，它的中层、高层管理人员是人才市场上的紧俏品，这家公司甚至一度被称为优秀管理人员的"黄埔军校"。

可是，2011年，宝洁公司发现自己染上了"不适症"。在利润下滑与原材料成本上涨的双重夹击之下，宝洁公司被迫进行了多轮裁员，以至于其中国区总裁在2012年被迫辞职。颓势在后来的几年中并未被遏制，直到2015年11月，宝洁公司才在天猫国际开出它的首家海外旗舰店。

一大批服务零售行业、快消品行业客户的猎头也随着行业巨头的转型而转型，除了和服务其他行业的猎头一样拥抱民企、国企客户外，服务零售行业、快消品行业的猎头开始意识到自己需要踏入互联网领域，"互联网+"不再是一个让人感觉虚之又虚的名词。未来，更多猎头会说自己是做新零售、新消费业务的猎头，如果你了解得详细一点，会发现他们做的都是电商领域的职位。猎企往往会把他们归入互联网团队，而非零售快消团队。

2011年11月，楼宇、地铁、公交上开始轮番播放这样的广告："找猎头、上猎聘，你就是精英。"当时，3个代言人分别是戴科彬、邵亦波、江南春。可能很多人会对第一个名字感到陌生，其实，这个名字的主人就是猎聘网的创始人。当时，猎聘网通过铺天盖地的广告进入猎头群体的视线，很多人觉得莫名，后来，它的存在不仅改变了猎头顾问的做单习惯，更为猎头行业的发展带来了新的契机和挑战。

2008年，戴科彬从广州宝洁离职，由职业经理人变成了北漂创业者。2008年3月1日，戴科彬租下了北京中关村东路的财智大厦B座608室，只不过，猎聘线上平台在2011年才正式推出。

让这个2008年时年仅25岁就年薪百万的职业经理人决心创业的因素是多重的，但导火索很明确——当时，宝洁公司收购了吉列公司，戴科彬出任欧乐B系列产品的产品经理，两家公司的文化碰撞得很厉害，戴科彬与原吉列公司的某高层管理人员发生了巨大冲突。

在矛盾激化的节点，戴科彬的姐夫姚劲波（58同城的创始人）给戴科彬灌输了不少自己对互联网的看法——未来，人们的生活是离不开互联网的，所有人的生意、交易、家庭服务，都要通过互联网解决。

最终，戴科彬决定进行互联网创业。不幸的是，一开始，戴科彬就遭遇了市场上投资收紧的局面，好在姚劲波给了他之前创立的网站的域名"lietou.com"（猎聘网前身），这让他意外接触到有猎头服务需求的客户，并通过做传统猎头业务赚到了公司的活命钱。

熬过了最艰难的前三年后，戴科彬砍掉了起步阶段的传统猎头业务，把H2C（Headhunter to Customer，指猎头和消费者）平台转变为HBC（Headhunter & Business & Customer，指猎头、生意、消费者）

平台,完成这一调整后,猎聘网不到半年就开始盈利了。

随即,猎聘网迎来了 Matrix Partners(经纬创投)的投资。选择拥抱互联网、转身闯天下的戴科彬赌对了,数年后,2018 年,猎聘网在中国香港上市,当时市值约为 120 亿港币。

2011 年的市场环境并不十分乐观,出口方面,中国的出口增速持续下降,如果考虑出口产品的涨价因素,实际增速接近零;内需方面,中国的消费在 GDP 中占比太低,约为 35%,为美国的一半。不过,地产行业持续火热,互联网行业在历经了十余年的发展后,也到了开始对其他行业产生重大影响的阶段了。这几年,凡是进入地产、互联网以及金融行业的猎企、团队、个人,都迎来了爆发式增长的大发展时期,反之,服务其他行业的猎企、团队、个人大多进入了发展停滞期,即业绩水平一直维持在一个区间内,无法更上一层楼。

经历了 2003—2008 年的高速发展后,斯科的刘汪洋心思也活了,他同很多人一样,看到了互联网大势。刘汪洋投资了一个平台项目,但熬到 2014 年,因不达预期而退出。和很多猎企老板不同的是,刘汪洋鼓励做得好的顾问出去开公司,不仅好聚好散,还会赞助、投资,渐渐地,斯科走上了"斯科系"发展之路。

虽然斯科自己的客户群体从外资公司到民营公司的转变慢了些,也没有及时切入地产行业、互联网行业,但是得益于刘汪洋这与众不同的思路,斯科并没有像一些同期的猎企那样销声匿迹,而是一直不温不火地发展着。

阿里巴巴落户杭州多年后,杭州大大小小的互联网公司越来越多,猎企数量也在逐步增长着，2011年，对点咨询在杭州开张了，联合创始人廖四金和她培养过的下属张玉良都在大瀚工作过。

在大公司学习后，再自立门户的做法在猎头行业非常普遍，但是，真的能够成功创立一家大公司者寥寥，廖四金做到了。

这个当时还很年轻的福建女孩遭遇了申请去美国被拒及内部发展路径不顺的双重打击后，毅然走上了创业之路。2020年，对点咨询的营收便突破了亿元大关。

值得一提的是，和廖四金同期成长的胡向贵离开大瀚后，没有选择创业，而是加入了上海瀚仕，2015年，胡向贵成为上海瀚仕CEO，并和陈亮一起将上海瀚仕发展成了"亿元户"。可以说，在那段历史时期里，大瀚人才辈出。

这一年，英国猎企Morgan McKinley（摩根麦肯立）进入了中国，又是一家以PS模式运营的猎企。随着运用PS模式、人均产能较高的外资猎企悉数到来，猎头行业内对PS模式的讨论越来越多，但真正去实践、去效仿的，大多是英资猎企，或者说，它们的效仿相对成功。即便没有什么官方说法，但从人才的流动、猎头顾问们亲身经历后的感受和分享来看，大家都有一个共同的学习榜样，Michael Page（米高蒲志）。

创业6年的马士发在2011年陷入了迷茫。看着身边学外资猎企的PS模式而失败的同行，想着自己奋斗了这么多年，虽然赚了些钱，但公司才几十个人、一千余万元的营收，他并不满意，却不知道前路在哪。正好，他有一个同学在读MBA，有一个活动，他被拉去一起参加。这次活动让他眼界大开，回来后便启动了合伙人制度，在各地市场上寻找排名前三的猎头团队，邀请它们加入嘉驰国际。从此，嘉驰国际摆脱了绝大多数同行的小作坊式发展路径，步入了规模化大道。

2012年，专注专业

2012年，一些原本支撑经济增长的基本要素，如劳动力和土地成本优势、"中国制造"的国际空间等，都次第消失。某些重大指标出现峰值，一些战略级能力发生不可逆的改变，而人们对很多事物的价值判断也出现了变化。种种迹象表明，改革开放的上半场结束了。

当然，多数人都是"事后诸葛"，因为"身在此山中"时，很容易"云深不知处"。或许有人关注到了，全球阅读量最大的时政杂志之一《经济学人》在这一年做了一个不动声色的改版，把关于中国的专题报道从"亚洲"版块中剥离出来，做成了一个独立的版块。

2012年，无论是外贸还是内贸，都让人忧心忡忡。

阿迪达斯中国发布了公告，宣布将于2012年10月关闭位于苏州工业区的唯一自有工厂，把生产线迁移到东南亚的缅甸。管中窥豹，我国低成本劳动力的红利优势已不那么明显了。

前几年沸沸扬扬的风能、光伏等新能源行业的发展更是在近两年进入了低谷期。本来让无锡市政府感到无比自傲的地方产业——光伏产业，以及龙头公司——无锡尚德太阳能电力有限公司，在2011年净亏损10亿美元，到2012年第二季度，情况继续恶化，电池工厂停产、公司大规模裁员、总欠债额高达20多亿美元、纽交所的股价从最高时的98美元跌到1美元。

2008年金融危机后，一些猎企就开始组建涉猎新能源领域的团队，主要是光伏领域，还有风能领域，进入早的赚了一些钱，进入晚的则只看到了一地鸡毛。此时，服务新能源行业的顾问不是离开了猎头行业，就是转去做其他方向（行业）的职位了。如同股市中的散客，大多数猎头都是在行业赛道已经过热时才后知后觉地入场，能够在赛道还没有热起来时入场布局者寥寥。

多数人想在短期内获利，可把握机会的能力并不强，因为能够把握住长周期呈稳定状态或上升态势的赛道需要很强的能力。要求国内猎头行业里大部分背景单一的年轻人拥有这种能力，有些强人所难了。

选择什么赛道，选择什么行业的客户，本质是在做投资分析，而投资分析这件事，可能对有金融背景、服务金融行业的猎头来说会相对容易一些。正是因为看到了这一点，后入局的一些新兴猎企开始有意识地搭建金融团队，尤其是服务PE（私募股权投资）/VC（创业投资）客户的支线。这样的操作对布局赛道和选择客户来说是有利的，是一种从资本市场出发看问题的思路，与之对应的，则是从人才市场出发看问题的思路，显然，后者比前者在时间上滞后，因为投资涌向哪里，哪里才会热起来，才会需要招兵买马，人才才会发现自己的身价水涨船高。

这一年，从科锐国际到Kelly Services，再到Hudson（翰德）的傅立科，在历经了一系列大公司的磨砺、取得了不俗的个人及团队业绩后，决定加入一家叫北京凡尔康管理咨询有限公司的猎企。这家2009年成立的猎企专注于金融行业，这时只有几个人，傅立科的加入帮助它进入了发展快车道。

2012年，互联网行业还是一枝独秀。2012年3月29日凌晨4点11分，马化腾在腾讯微博发了一个六字帖："终于，突破一亿！"随后，腾讯微博中的微信官方认证微博转发马化腾的微博，宣布微信用户数量已经突破一亿（如图3-6所示）。

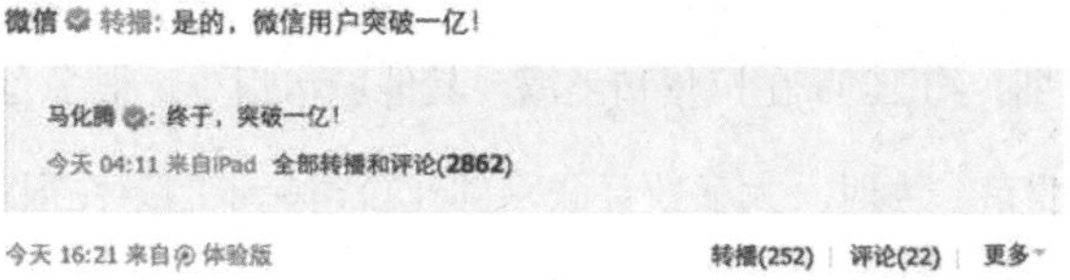

图3-6　2012年，微信用户数量突破一亿

2012年8月23日，微信公众号平台上线，它兼具媒体和电商双重属性，革命性地改变了中国互联网产业及媒体产业的既有生态，让后来被称为斜杠青年的群体在经营主业之外，经营各种副业成为可能。

同年8月，连续创业者张一鸣推出了一款基于数据挖掘的新闻推荐引擎——今日头条。没人想到，这款产品在日后托起了一个名为"字节跳动"的帝国，取代百度，成为新的BAT集团的一员。

同年9月9日，前阿里巴巴员工程维推出滴滴打车App。

……

2012年7月13日，潘虎创办了上海伯周企业管理咨询有限公司（以下简称伯周咨询），赶上了"移动互联网"的发展高潮，见证了"搜索大战"的尾声。当时，互联网创业机会很多，创业者、投资人都很活跃，互联网人才供不应求，不久后加入的还有潘虎的宜昌同乡兼校友、张述念。

7月的上海是闷热的，上海大学附近的老房子里，潘虎和他的前辈们一样，打着电话，做着报告，就这么热火朝天地工作了起来。北京一直是中国互联网行业发展的中心，属于三多市场——客户多、人才多、钱多，伯周咨询的猎头业务早期以北京市场为主。

2013年前后，我国排名前2000家互联网公司约60%在北京，约30%在深圳，约10%在杭州和上海，其他城市很少。很多有想法的人，都冲入了北京。当时，大多数互联网创业公司起步的条件很艰苦，北京有个小区叫华清嘉园，被称为"民间硅谷"，美团就在这个小区里完成了创业。

积累了一定数量的候选人资源后，伯周咨询开始大展拳脚。当时，求职与招聘渠道上最热门的搜索关键词是"985学校名称"加"一线、二线城市知名互联网公司名称"，而北京的客户，大到BAT（百度、阿里、腾讯、字节跳动），小到天使轮创业公司，普遍要求猎头推荐的候选人毕业于重点院校、有一线互联网公司工作背景，此外，对猎头提交推荐报告的速度要求很高。

招聘周期短，大家都赶时间，人事工作人员比猎头更着急、时间成本比金钱（猎头费）更重要。错过了时间窗口，可能某个公司就不存在了。猎头给客户带来的价值，有时候甚至关乎其生死存亡。在这场人才大战中，猎头不需要花时间和精力做客情管理，大家盯着的都是简历。

接受Robert Walters（华德士）熏陶几年后，2011年，李睿智也创办了一家猎企，叫上海睿璞企业管理咨询有限公司（以下简称睿璞咨询),2012年正是其高速发展期。睿璞咨询也选择了互联网行业,只是,与伯周咨询的切入点不同,前四年,这家由4个人组成的猎企只为阿里巴巴一家客户服务,一开始走的就是服务头部大厂的大客户模式。

初创期的猎头老板必须首先是一个优秀顾问,因为只有把职位交付了,才能挣到钱、拿到更多职位、活到公司有能力扩张规模的那天。草根创业的起步总是相似的,入了这一行,老板亲自下场做单,几个人艰苦奋斗三四年,公司步入正轨后再扩大人员规模。为什么来猎头行业创业的人那么多?因为这是为数不多的适合普通人创业的领域,所需要的启动资金并不多。

低门槛,并不意味着把公司做大、做强很容易,很多猎企都没能"鲤鱼跃龙门"。

究其原因,除了猎头生意"业务跟人走"的性质外,还有很重要的一点,即多数小型猎企没有在IT系统上花心思、下成本。

生意往往来自没有被解决的问题、没有被满足的需求。2012年,在斯科工作了3年的施润春向刘汪洋辞职后,去了国外。刘汪洋一直很欣赏这个聪明的年轻人,时常和他聊天,发现学技术出身的他对猎头系统很有研究后,刘汪洋启发他:"为什么不回来做猎头系统的生意呢?现在大家都没有好的系统可以用,为什么你不做一个呢?"

就这样,上海谷露软件有限公司(以下简称谷露)诞生了,陈勇、刘汪洋等好多猎企老板都投资"赞助"了施润春创业,甚至,谷露早期的办公地点就在斯科的办公室里。

后来,在业内被广为知晓的猎头系统软件是谷露、品聘、璞心、太联,以及后起之秀倍罗等，璞心和太联两家公司的前身是同一家公司。上海璞心信息技术有限公司的创始人王华曾经在一次与友人的闲聊中感叹过一句，如果当年自己不忙着升级系统功能，而是先给系统换一套好看的"皮肤"，没有留那么长时间给竞争对手，后来的市场格局恐怕就不是现在这样的了。

可惜，世界上没有如果。直到2021年，谷露依旧是国内招聘系统在猎头行业里市场份额最大的一家。业内有一种说法是"品聘的销售最强，谷露的研发最强"，前者的目标受众是小微型猎企，后者的目标受众是中大型猎企。当然，这样的"井水不犯河水"，不过是暂时的市场划分。至于璞心、太联及其他招聘系统的目标受众定位，基本采取跟随策略，这一点，从它们的定价中可以看出来。

市场总是动态变化的，后进入者总是不断涌现，而定位会随之发生变化。

根据贝恩咨询的数据，我们得知，2012年，中国首次超越美国，成为全球最大的奢侈品消费国，中国大陆、中国香港和中国澳门的消费者消费数额占全球奢侈品销售数额的四分之一，而美国消费者消费数额仅占五分之一。

这一年，保时捷在中国卖出了33590辆跑车、雅诗兰黛在中国的销售额增长了30%、巴宝莉在北京开办了面积达1200平方米的亚洲最大旗舰店……换言之，在高端消费市场里，外资品牌在中国赚到了更多的钱。

MRI中国区的CEO Chris Watkins（克里斯·沃特金斯）出走后

创办了上海仕卿。这一高层震荡促使很多猎头顾问出走，踏上了创业之路，比如，MRI中国区金融团队的负责人之一高岳在北京创办了普仕英才（北京）管理咨询有限公司，专注服务金融行业；MRI中国区史上最年轻的总监郭涛也选择离开，在上海及南京创办了FTP China（后更名为上海众猎企业管理咨询有限公司，以下简称众猎国际），专注服务零售、快消品及化工行业。

众猎国际创立之初，是伴随着电商对传统零售行业的冲击开展业务的，从2012年初创到2014年，众猎国际几乎完全服务于外资客户，从2014年开始，内资客户在其客户中所占的比例才逐步提高。发展到今天，和很多猎企类似，众猎国际的客户构成形成了40%外资、40%内资、20%创业型公司的局面。

和这些出走创业的人相比，被上海瀚仕的陈亮挖到自家公司的胡向贵受到的关注度则小得多，无论是在当时还是在后来几年。

这一年，陈亮几进成都，走访了当时如日中天的大瀚里的不少顾问（这一年大瀚营收过亿，是公司历史上非常高光的一年），和很多业务高手都有过或多或少的交流。最后，他和胡向贵相互选中，两个理性、冷静、不喜情绪化的男人一拍即合。彼时的陈亮恐怕也没有想到，这次挖猎会如此成功，自己和胡向贵的携手能够带来9年后的3亿余元年营收。更有趣的是，陈亮因人设点，把上海瀚仕新设办事处的所在地选定在了成都。两年前出走创办对点咨询的廖四金和胡向贵是同一批管培生，那一批管培生人才济济，很难说大瀚未来多年的亮点寥寥和这些人才的流失毫无关系。

2011年离开MRI的马雄二并没有像他的同事们一样踏上创办一家猎企的道路。马雄二的爷爷是牙医、外公是书法家、爸爸在烟草局工作、妈妈在事业单位上班,受大人们的影响,马雄二从小就颇有主见,毕业后先顺从父母的意思做了一年英语老师,在确定这不是自己想要的生活状态后,立刻抽身而出,去英国留学,回国后误打误撞地进入了猎头行业。

2011年离开MRI的时候,马雄二业绩斐然,走时并没有想好自己接下来要做什么。于是,他一边思考前路,一边积极参加民间行业交流分享活动。活动期间,他认识了辛晓蝶(猎上网的发起者)。辛晓蝶觉得马雄二是个人才,又了解猎头行业,于是拉他一起创业。就这样,2012年,马雄二成为猎上网的联合创始人。

猎上网的百度百科中写着"中高端职位的社会化招聘平台",其业务模式是让用人公司在网站上发布职位,让猎头在网站上交付职位——用人公司和猎头不直接沟通,双方均通过猎上网的PA(职位分析师)对接相关事宜。

与后来出现的猎萌等平台不同,猎上网只和公司合作,换言之,不允许操作职位的人以个人身份在平台上做单。这样操作一方面是为了便于平台管理,降低管理成本;另一方面是形成规模效应的必然选择,即鼓励和支持以公司为单位在平台上进行职位交付。这类网站目前的盈利模式包括广告收益、成单后的佣金抽成等,而借助AI技术、大数据技术,让平台数据发挥真正的价值,是平台未来发展的方向,也是投资人想看到的结果。跑在最前面的猎上网成立之初便有天使投资人进行投资,两年后便获得了1000万美元的A轮投资,2016年,获得了两亿元的C

轮投资。

如果说智联招聘、中华英才网这类简历门户网站的出现是人力资源行业互联网化的第一个历史时期，那么，以猎聘、猎上、猎萌、脉脉、Boss直聘等求职招聘社交型平台（包括网站和手机应用程序）为代表的互联网平台的出现则是人力资源行业互联网化的第二个历史时期。前者是互联网时代的产品，后者是移动互联网时代的产品。

2012年，猎头行业的各个赛道都有新人涌入，猎头行业即将进入一个新的发展时期。

2008—2012年总结：
无人不在经济周期内

如果把2008年年底到2012年视为一个经济周期，可以看到四个重要的经济特征，如图3-7所示。

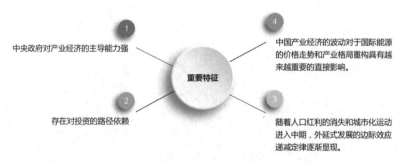

图3-7　2008年年底到2012年，经济的四个重要特征

猎头行业这一历史时期的发展特征与这些经济特征相呼应，只不过因为传导效应需要传导时间，会相对集中在下一阶段显现。

市场接收了政策信号，并接受了地方政府（甚至是多地政府）的实际推动后，资本的涌入会造成大众的狂欢。

有些行业做的是 C 端生意（公司对用户），或和民生直接相关的生意，很容易被普通民众注意到，不少人会跟风买入相应的股票。

更多的行业做的是 B 端生意（公司对公司），像猎头这样的人力资源服务业从业者才能清晰地感受到投资者、企业家们的疯狂，并随他们的疯狂而疯狂。每一次、每一轮调控都会带动一些产业，产业里的细分领域都会冒出很多新公司或开始进军这些领域的成熟公司，在大把资金的投入下，人才大战是在所难免的。

一旦涉及人才抢夺战，就涉及猎头的登场。什么时候进场、选择为什么客户服务，都考验着猎企管理者们。和股市一样，总是有些人没有选择跟进，部分后悔，部分庆幸；还有些人跟进晚了，部分后悔，部分后怕。能不能做对选择，对管理者的战略水平和战术能力的要求很高。

从战略选择上看，做决定前必然需要做一系列分析。比如，自家猎企是专注单一行业，还是扩展新行业，即要不要跟风入场；是把准备扩展的新行业作为自家猎企未来的发展支柱，还是未来的发展补充，即对新行业的发展趋势是长期看好还是短期看好；以及对自家猎企目前所处的发展阶段的认知、对自家猎企未来发展所需要的业务的判断、对自家猎企和新行业之间关联度的看法等。

最关键的是，所有看法背后的理由是什么、依据是什么。在这个和平盛世的经济周期中，大多数猎企管理者和被下放决策权的团队长们不具备这些思考能力，他们的依据往往是政策推动了，某某行业就会好；某某行业好起来了，职位就会多；职位多了，就有活干……干起来再说。

至于真的到了执行阶段，也就是考验战术能力时，大家会发现，很多猎企及猎头顾问们并不具备开拓新领域的能力，从客户选择开始就落了下乘，最后收获如何，大多凭运气。

有些人开始明白，学会选择是一项很重要的能力，什么热就做什么，注定会被淘汰。

从这一阶段开始，依托一个行业起家并决心只服务一个行业的猎企多了起来，做出规模和名气的较之过往只多不少。最终，大家发现，那些坚持选择为优质的公司提供服务的猎企、猎头团队，会有更长久的生命力。它们坚信自己的使命是为优秀的公司提供服务，并且有责任帮助这些公司变得更优秀。这种坚信是难能可贵的，尽管有些理想主义色彩。

我国是人口大国和制造大国，产能过剩不可避免地会导致社会资源的消耗，那么，依托技术创新带来转型升级就成了必然趋势。能够做到技术创新的公司及其所在的行业会进一步得到资源倾斜，这些资源在下一阶段会更多地流入互联网、汽车等行业，而不仅是地产行业。正在服务这些行业和准备服务这些行业的猎企及猎头团队，将会伴随着它们所服务的公司，迎来更大的机遇和挑战。

当然，再往宏观看，中国经济对全球经济的影响越来越大，"中国效应"的传导性变得越来越强是不争的事实。"一带一路"倡议、"体内体外双循环经济"战略都预示着猎头行业中的猎企将在有限的几种发展趋势中做选择，大而强、小而美、专而精……猎企管理者不仅要能看懂国内市场的经济规律，还要能放眼全球，看懂大趋势下的新发展态势。

总之，这些特征的出现，意味着中国经济进入了新的发展阶段，国内的猎头行业也进入了高峰期里的变革期，变革的大幕正在缓缓拉开……

2013—2017年：
自己干？上平台干？

2013年，离开大平台潮

2013年,国家在经济方面的重大举措是对金融体系进行证券化再造。

金融产业是市场化改革的最后一块壁垒，在很长时间里，这一产业有两个基本特点，一是银行主导一切，二是民间资本滴水不进。国家对现状的突破，正是从这两个方向次第展开的。这一年，国家相关部门颁布了一系列金融领域新政，这些新政的出台，核心目标有两点，一是放松监管力度，二是鼓励混业经营。

2013年1月，全国中小企业股份转让系统（以下简称新三板）在北京金融街正式揭牌，这意味着继上海和深圳两大交易所之后，出现了第三个全国性的证券交易场所。这降低了公司上市的难度，对于想上市的公司来说是利好消息。

科锐国际在2008年拿到经纬创投的投资后，上市传闻不绝于耳，其内部在2012年就与核心员工签了配股协议书，谋求上市之心可谓不言而喻。业内都在观望科锐国际的上市进展，一些人觉得以人力资源公司的体量没有上市的可能性，另一些人则觉得上市是有可能的，但还要等很久。

9月29日，银监会发布《中国银监会关于中国（上海）自由贸易试验区银行业监管有关问题的通知》，提出"支持符合条件的民营资本在区内设立自担风险的民营银行、金融租赁公司和消费金融公司等金融机构"。

在银行开办热中，互联网企业当然不甘落后，腾讯主导发起微众银行，阿里巴巴筹备网商银行，它们都成为银监会批复的首批5家民营银行之一。百度则与中信银行合资成立直销银行——百信银行。

在BAT中，动作最大的是阿里巴巴。天然的电商属性，以及强大的第三方支付工具，让阿里巴巴的操作空间更大。2013年6月13日，一款名为"余额宝"的类存款产品悄悄上线，所有支付宝用户都可以十分便捷地把零钱存入余额宝账户，当时，其7天的年化收益率接近7%，秒杀所有银行的存款利率。

在4月的汉诺威工业博览会上，德国经济技术部第一次提出工业4.0的全新概念，这意味着制造业的一场进化革命开始了。工业4.0的提出不是一个孤立性事件，这几乎是所有制造大国的共同选择，必然推动制造业升级，升级则意味着需要更多掌握先进技术的人才以及对这些人才的争夺。

在势必爆发的人才争夺战外，这一年，我们先是看到了企业家们的口水战。小米的雷军和格力的董明珠打了一个赌，关于5年内，小米的营业额是否能超过格力；默默无闻的华为也在这一年彻底"浮出水面"——据统计，华为2012年的销售额超过爱立信，成为全球最大的电信设备供应商。

当华为决定把智能手机作为下一个战略级产品时，就意味着它决心进入陌生的消费零售市场。与中国其他智能手机品牌商相比，华为的核心优势是拥有自主开发芯片的能力。早在2008年，华为就发布了首款手机芯片K3V1，2013年，发布了麒麟910芯片。

在芯片领域，由于智能手机CPU（中央处理器）的研发需求提高，国内触控芯片厂家开始发力，猎头需求逐步上升。自2008年金融危机起，时至此时，在模拟领域，技术方面依然是德州仪器（Texas Instruments，简称TI，美国得克萨斯州半导体跨国公司）、亚德诺半导体技术（上海）有限公司（Analog Devices,Inc.，简称ADI，美国纳斯达克上市公司）这些公司独占鳌头，在逻辑芯片领域，迈威科技集团有限公司（Marvell，现更名为美满科技集团有限公司）、高通公司（Qualcomm）新布局的研发核心不在中国，并逐步撤出在中国的研发核心，这些外企开放给猎头的岗位主要是市场、售后支持等。而国内的研发公司，除华为外，大多是一两百人的小型公司。直到2013年，比特大陆成立。5年后的2018年，北京比特大陆科技有限公司（以下简称比特大陆）成了中国第二大芯片设计公司，开启了猎头行业的芯片赛道热。

从服务苹果到服务华为，有多少猎企、猎头团队在跟着这些大公司的发展做相应的调整呢？答案自然是很多。入职华为的应届生，拿到年薪 25 万~30 万元并非稀罕事。华为在研发上的经费投入巨大，相应的人才投入也巨大，除了新闻报道过的优秀应届博士生的年薪可以高达百万元之外，还有大量的人才招聘需求。

在 AI 领域，这一年，百度率先成立百度深度学习实验室（IDL）。4 年后，腾讯组建了基础研究部门——人工智能实验室（AILab），并向全球招募 AI 科学家，邀请机器学习和大数据分析领域的国际知名学者张潼担任实验室负责人，这支研究队伍由 50 名 AI 研究员和 200 多位 AI 应用工程师组成。大公司进军 AI 领域带动了一波 AI 热，让猎头们对高科技领域公司的关注度越来越高，与之对应的，是一些和华为类似的民营公司巨头在猎头费的支出上逐年走高。

这一年，又一家本土猎企 BRecruit 被 Recruit（日本瑞可利集团）收购了，全球第四大人力资源集团 Recruit（日本瑞可利集团）从未停止扩张的脚步。这一年，距离伯乐团队被 Recuit（日本瑞可利集团）收购才过去不久，庄华正在为带领团队融入新平台而努力着，但和很多故事的走向一样，最终，他选择了另立门户。

2013 年，距离外资猎企进入中国有少则十余年，多则近 20 年的时间了，从外资猎企出走并选择自己创业的猎头顾问和猎头团队越来越多。这一年，一个华裔新加坡人 Alex 从 Hudson（翰德）离开，创办了一家名为上海康耐仕人力资源服务有限公司（Connectus，以下简称康耐仕）的公司。和他一起离开的，还有不少曾经在他的团队里共事的同事。

可以说，猎头行业里"一走走一波"的现象时有发生，因为猎头顾问们都深信"业务跟人走，我跟带我的人走"，在哪工作不重要，重要的是跟谁一起工作。在猎头行业里，那些有着初始团队的创业者，往往起步很稳，发展很快。因为有初始团队意味着有客户资源、人才资源，彼此的契合度几乎是被完整迁移的，说得直白一点，不过是换一个公司抬头开发票而已。

在猎聘的冲击下，这一年，智联招聘成立了智联卓聘（以智联招聘为平台依托，专注于中高端人才招聘），这意味着猎头顾问搜索中高端求职者的简历需要付出更高的成本。智联卓聘的成立基于智联招聘对自身的数据库进行了再次分层，以期有更多的衍生业务，换言之，智联招聘的举措是期待带来更多营收，为自身的进一步转型做准备。

即便都是草根创业，在二线城市起步的创业者似乎总是要比在北京、上海、广州等一线城市起步的创业者艰难一些。

2006年，刘军在成都创办了汉普后，始终处于摸索阶段，很长一段时间都是有什么单子做什么单子，为了让汉普运营下去，和其他同行共享职位的事也干过，但一直没有大的起色。

2013年，刘军琢磨着要在上海开分点，更好地对接大公司，没想到这会是他命运的转折。在一场活动中，他遇到了猎上网的马雄二，马雄二告诉他，以你的团队的情况，很适合来猎上网做职位，猎头顾问们只需要做好交付，不用分精力去做客户拓展。抱着试一试的心态，刘军接受了这一提议，汉普从此踏上了做线上平台单的发展道路。

后来，但凡有类似的求职招聘平台出现，汉普团队都会去尝试。再后来，新的求职招聘平台上线时，会主动邀请汉普团队做体验用户，提提意见和建议。慢慢地，刘军放弃了在上海设点的想法，将全部顾问转为线上交付团队，还成立"成猎会"，旨在加强川渝地区内的同行交流与分享。

2020年，脉脉进军线上猎头业务，在内测阶段邀请的少量猎企中，就有汉普。

2013年对科锐国际来说也是一个转折年，因为这一年，高勇"三十顾茅庐"后，终于把时任美世中国CEO的郭鑫挖来了科锐国际，担任科锐国际的CEO。郭鑫成了科锐国际历史上第一个被引入的外资公司出身的职业经理人，且一来就身居高位。紧随郭鑫入驻的，还有次年Morgan Stanley（摩根士丹利）的投资。这些举动，与其说是在为上市做准备，不如说是高勇想把科锐国际真正转变成一家现代化的、能够提供全方位人力资源服务整体解决方案的提供商。

从2013年起，国内猎头业务除了有PS模式、KA模式之分外，也有了线下模式和线上模式之分。所谓线下模式，指传统猎企自己开发客户，给客户的职位订单做交付；而线上模式，指做单平台为平台上注册的猎企提供客户，猎企只负责给平台上客户所发布的职位做交付。

当然，猎企可以选择在交付平台职位订单的同时，也交付自己开发的客户的订单，一些平台也允许个人在平台上交付职位，只要通过平台审核，证明自己非某家猎企的在职顾问即可。总之，线上模式通过集中"采购"客户，为广大小微猎企"缺客户，缺订单"的痛点提供了解决路径。

不可避免的是，一旦这些猎企对这一路径形成依赖，想转变会非常困难。同其他行业依附于平台的商户一样，一旦有平台做大做强并采取排他政策，平台上的猎企话语权将会被削弱，可能陷入为平台打工、被平台吸血的处境，因为平台是要抽取每个成功订单的佣金的。所以，除非未来平台的营收模式更多元，或没有诞生处于垄断地位的平台，不然，上述结局迟早会到来。

目前，很多猎××平台并非真正意义上的平台，即为买卖双方提供交易场所，让买卖双方自由地进行交易，这些平台的角色是买卖双方的中间人，卖方基本不接触买方，买方基本不关心卖方，一切交易由平台负责对接双方，为双方传递信息。在这一状态中，平台需要大量的项目经理来负责对接事务。直到2021年，科锐国际旗下的禾蛙平台才试图打破这种固有模式，让需要招聘交付支持的服务商和有招聘交付能力的服务商在平台上自主合作，平台只是大家进行自主合作的信息交换和协作发起点。

2013年，改革开放进入第35个年头。有两个宏观数据证明，这一年，中国产业结构调整取得历史性变化：第三产业增加值占GDP的比重提高到46.1%，首次超过第二产业；中国的人均GDP从1978年的384美元（全球倒数第7），飙升到6905美元，进入中等收入国家行列。

2014年，专注型猎企扎堆出现

2014年，资本市场上，宽松性政策密集出台。6月底，股市IPO重新开闸；7月7日，证监会发布修订后的《上市公司重大资产重组管理办法》，规定除借壳上市和发行股份外，上市公司的重大资产重组不再需要经过证监会的行政许可,这一政策直接打开了上市公司并购重组的大门;11月17日,上海证券交易所开通"沪港通"业务,第一次将中国资本市场和海外市场连接;11月21日,出乎绝大多数观察家的预料,中国人民银行(中华人民共和国的中央银行,以下简称央行)突然宣布降息,其中,贷款基准利率下调0.4个百分点,是自2008年以来的最大降幅。

萎靡日久的资本市场狂飙陡起。

如果说早期猎头行业从业者的成功打法是从服务一两个行业起步,逐渐扩展到多个行业,那么近十年,越来越多的从业者选择了另一种成功打法——扎根一个行业,把服务一个行业做深、做细。其实,所有行业都具备被做深、做细的可能,只不过选择大行业更保险。因此,近些年专注服务医药、地产、互联网、汽车等行业的猎企越来越多,表现令人惊叹的也不在少数。

这一年,从斯科分化出一家名为上海普芮科企业管理有限公司(Procareer,以下简称普芮科)的猎企,创始人马成威进入斯科前,在英资猎企Robert Walters工作过三年,一直是高绩效顾问。创立公司时,他借鉴了伯乐、科锐国际的Call Center(后台职位交付中心)模式,将大多数负责交付的人员安排在南京,少数负责对接客户的人员安排在上海总部,专注服务汽车行业。4年后,普芮科的营收达到两千余万元。

在几家大型猎企轮转学习了几个月后,孟晓娟决心自己创办一家猎企。这家名为仕联(上海)企业管理咨询有限公司(以下简称仕联)的猎企是国内最早开始专注服务医药研发职位的猎企之一。孟晓娟凭借着自己身上既有女性的细腻敏感，又有男性的杀伐果断的个性，看到了医药政策开放、国外人才回流的机遇，以此为切入点，开始创业，在医药这个长青领域占得了国内猎头市场的先机。

刚开始，仕联服务的大多是服务医药公司的外包公司，如 CRO（Contract Research Organization，合同研究组织，通过合同形式为制药公司、医疗机构、中小医药医疗器械研发公司，甚至各种政府基金等机构，在基础医学和临床医学研发过程中提供专业化服务的一种学术性或商业性的科学机构），此外，涉及跨国制药公司中国区研发中心的海外科学家招聘也是仕联的服务内容。仕联的业务量在成立两年后迎来了爆发，这是 2015 年医药行业发生"722 事件"后的一种必然。2015 年 7 月 22 日，国家食品药品监督管理总局（CFDA，于 2018 年 3 月撤销，撤销后并入国家市场监督管理总局）发布《关于开展药物临床试验数据自查核查工作的公告》（2015 年第 117 号），此次公告被称为"史上最严的数据核查要求"，意味着严格规范药物临床试验质量、严格监察和严厉打击数据造假活动的开展，我国药品生产审批进入同国际接轨的新阶段，国内药企进入人才需求井喷的新时期。

回望 30 年前的 1984 年，柳传志创办联想、张瑞敏创办海尔、王石创办万科、牟其中创办南德、南存辉创办正泰、潘宁创办科龙……他们的集体出现，如群星闪耀中国，让 1984 年堪称"企业元年"。30 年后的今天，他们中有的人已泯然众生，有的人深陷牢狱，另外一些则在困顿中坚守。

商业世界里，人们津津乐道的往往是年轻的后来者，出生于 1984

年的马克·扎克伯格（社交网站 Facebook 的创始人兼首席执行官，被人们冠以"第二盖茨"的美誉）俨然已成为新的世界级偶像。在中国，最火热的商业人物也出现在互联网界。中国的两大电商公司在这一年相继上市，5 月 22 日，京东登陆纳斯达克，发行价为每股 19 美元，首日市值 286 亿美元；9 月 19 日，阿里巴巴在纽交所正式上市，发行价为每股 68 美元，首日市值 2314 亿美元。

在 2022 年《福布斯》杂志公布的中国富豪榜上，前三名分别是马云（195 亿美元）、李彦宏（147 亿美元）和马化腾（144 亿美元），2013 年的首富、商业地产商王健林降至第 4 名。再早几年，这份榜单上的人物几乎都在地产领域。

互联网领域的寡头垄断正在形成。2014 年 12 月，滴滴和快的分别完成了 7 亿美元和 6 亿美元的融资，紧接着，次年 2 月 14 日，它们宣布合并，新公司占有全市场 87% 的份额，处于近乎垄断的地位。2016 年，滴滴并购优步中国，进一步巩固寡头地位，其估值高达 500 亿美元。

2014 年，北京多了一家猎企，名为北京奇汇锐拓咨询有限公司（ITerGet，以下简称奇汇锐拓），它的老板张正泉创业前在科锐福克斯北京分公司工作，是当时北京分公司的团队长之一，他离开时，不少团队成员随他一同出走了。

这几年互联网行业的火热是奇汇锐拓成立后很快站稳脚跟的外因。若论内因，则是由于它打入了投资圈，从人力资源从业者的角度帮助投资人发现和筛选好的创业团队，随后为这些团队招兵买马。这个战略可谓非常成功,奇汇锐拓不仅依靠创业型客户活了下来,也很快打开了巨头的大门。

在 2022 年的一份内部公开信中,张正泉写道:各位 IGer,各位干部,我们从去年 Q3(第三季度)开始实施"连续 6 个季度增长"的战略后,到这个 Q1(第一季度)结束,日子恰好过了一半,我们的主要指标在有序地前进、员工数量增长显著,Q1 预计 Offer 能完成 100% 的同比增长。

这封内部公开信的主题是回答员工提问。像张正泉这样不定时给员工写公开信,回答员工提问并亲自指定相关部门及管理层的人去落实问题的操作,在业内老板中是少见的,不过,在商业管理类书籍的案例中常见。

这几年冒出来的互联网猎企多如雨后春笋,在猎头们谈起"××公司不错"时,这一细分领域的猎企的知名度远高于其他细分领域的猎企。究其原因,还是因为互联网行业热。哪里热,哪里就能吸引人们的目光。

随着新一批猎企兴起,新一代创业者加入,猎企管理者对猎企的系统搭建日益重视了起来,成立两年的谷露签约了 200 多家猎企客户,包括一些大集团,如万宝盛华、德科。

事物的发展规律是曲折式前进、螺旋式上升的,没有哪家公司或个人可以始终处于直线式高速发展的阶段。这一年,成立 8 年的上海瀚仕经历了占当时总人数近一半的人员的流失,用陈亮的话说,上海瀚仕到了"生死存亡"之际,向左走还是向右走,摆在了他的面前。对于为何会有大队人马出走,陈亮并未做过公开的解释,这样的事情在猎企圈内不时上演，人们渐渐地见怪不怪了。

"易分难长"的魔咒被 FMC 的陈勇提炼出来后，得到了圈内人的一致认可。所谓"易分"，指猎头顾问容易离开原公司，自己创业；"难长"，指因为这样的现象周期化出现，导致猎企很难在人员规模和营业收入上持续高速增长。公司与个人，孰是孰非，很难数算，不过大体是组织的发展需要和个人的发展预期出现了不可调和的矛盾。组织需要进行有效的变革来确保自身的进化跟得上员工发展的需要，同时，员工的进化也得跟得上组织发展的需要，一旦两者的节奏不一致，一方"淘汰"另一方是在所难免的。

在上海瀚仕的这场人员流失中，崔岩是最受关注的一个，因为他是从公司管培生做起，先成长为顾问，再成长为团队的团队长，由公司一手培养起来的。崔岩离开后，创办了一家名为 Element Resources 的猎企。一年后，同样在上海瀚仕效力多年的胡向贵获得了上海瀚仕合伙人的资格，并在不久之后成为上海瀚仕的 CEO。崔岩和胡向贵私交不错，两人都在上海瀚仕功勋卓越，如果崔岩再等一年，他未必不能获得合伙人资格。当然，凡事没有如果，选择没有对错。

在科锐国际的顾问们享受着公司配给的猎聘猎币时，又一提高猎头顾问寻访效率的助力出现了——Linkedin（领英）进入了中国。作为职场社交网站，领英能够帮雇主与潜在雇员彼此轻松地联系到对方，当然，猎头也可以借此快捷地联系到客户及人选。

至此，从传统的接到职位需求后打 Cold Call（陌生电话）的寻访模式转变为接到职位需求后上网搜索的模式已在绝大多数猎企中成了不可逆转的变化。此后,少有新入行的猎头顾问被要求打 Cold Call（陌生电话）了,以至于越来越多的人对猎头的理解就是网搜简历、线上沟通、完成推荐报告、协调面试安排。

随着这一转变的发生,不少业外人士和初入猎头行业的人觉得猎头工作很简单。当然,这只是表象。2014 年年底,另一个做单平台在华南上线,这个名为猎萌的平台和彼时已经小有名气的猎上不同,它允许独立顾问做单。

新的挑战出现了。

2014 年,中国取代美国成为全球第一的石油进口国,取代印度成为最大的黄金消费国,与此同时,中国还是铁矿石、煤炭、玉米、大豆、水稻和铜的最大进口国。这一年,中国的经济总量只有美国的一半,但人民币发行量已超过美元。

2015 年,模式创新潮开启

2015 年 4 月 14 日,国家统计局公布了最新经济数据,2015 年第一季度 GDP 增速为 7.0%,创下 2009 年第二季度以来的新低,全国工业企业利润同比下降 4.2%、利用外资额同比下降 33.5%。这一天,沪深两市有 15 只新股上市申购,两市成交额超万亿元,超百股涨停。

股市的疯狂在随后的几个月里一直持续,直到 6 月 12 日。

6 月 12 日,上海证券综合指数（以下简称上证指数）抵达 5178.19 点后,股票价格指数（以下简称股指）突然掉头下坠；8 月 26 日,股指跌到 2850.71 点。对很多人来说，发财成了黄粱一梦。

经调查，原来是有乘乱牟利的利益集团——泽熙系涉嫌内幕交易、操纵股票交易价格。徐翔的被捕，终于遏止了这一乱象。

随着金融管制的放松，保险是所有金融产业中发展最快的业务模块之一，保险行业总资产从 2010 年的 5 万亿元，增加到 2015 年的 12 万亿元。

中国的网络贷款业务"试水"于 2007 年，首家 P2P 平台（P2P 是 peer to peer lending 的缩写，意即个人对个人、伙伴对伙伴、点对点网络借款，是一种将小额资金聚集起来借贷给有资金需求人群的民间小额借贷模式）是拍拍贷，采用的是纯信息中介模式。2009 年，红岭创投诞生，发明了本金先行垫付模式，当时，全国的 P2P 公司不足 10 家。2011 年，平安集团旗下的上海陆金所信息科技股份有限公司注册成立，传统金融机构开始进入互联网金融领域。在后来的两年多时间里，美国的 Lending Club（P2P 平台）模式被引入——这家公司于 2014 年 12 月在美国纽交所上市，市值高达 85 亿美元，迅速引爆了中国的 P2P 产业。

2012 年，中国的互联网金融公司只有 110 家，2013 年增加到 627 家，到 2015 年上半年，猛然增加到 2600 余家。P2P 泡沫的破灭是从 2015 年 9 月开始的，同年 12 月底，e 租宝的创始人丁宁被公安部门控制。在接下来的一年多时间里，P2P 行业遭到全国性整顿。

与此对应的是，服务互联网金融行业的猎企、猎头团队也遭到重创，因为彼时，互联网金融公司的业务模式几乎都是 P2P。好在互联网行业的垂直细分领域足够多，猎企、猎头团队大多"船小好掉头"，很多一贯服务金融行业的猎企、猎头团队，无论是有着求稳心态还是早就看出端倪,并没有蹚这次浑水,业务依旧稳健发展。

不过,还是有些猎企受到了波及。有些猎企创业初期就赶上了这一风口,服务几家 P2P 公司,比如当时的麦子金服、唐小僧、拍拍贷等,就可以迅速赚取很多佣金,风口没了,猎头顾问走了,猎企也就倒了。

这段时间,金融行业乱象丛生,以至于很多人一说起自己从事金融相关工作,对面的人都觉得是遇到了骗子。

中资金融机构在稳步发展,除了越来越多的券商、股份制银行、城商行去中国香港设立总部之外,也有一些机构,如建银国际、海通国际、招银国际等,开始探索在中国香港以外的地区和国家设立分支机构,比如,开始在新加坡布局业务。

受益于港美股市场在 IPO 方面的活跃,招聘市场中,常规的投行招聘依然有众多需求。证券经纪业务开始有所缩减,主要是因为研究所高投入的成本中心模式让一些中资机构看不到短期盈利或做大的可能,开始把更多资源和资金投入中资美元债市场,在债券资本市场和固收业务方面发力,纷纷组建团队或加大布局。

在招聘方面,部分中资银行和券商一方面在投行招聘债券资本市场的负责人——承揽、承做团队,另一方面在积极招聘固收业务,特别是中资美元债业务方面的专业人才,从债券销售员到交易员,开始跟外资机构抢占市场。

在热闹无比的 2015 年,互联网行业也迎来了一批"合并同类项"。公司做到头部后,前三家合纵连横很常见,而在互联网领域,往往是最强的两家强强联合(如图 3-8 所示)。

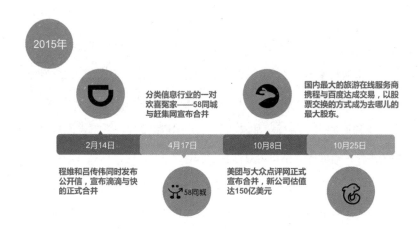

图 3-8 2015 年，中国互联网 O2O 领域的重量级合并案

除了上述四起发生在 O2O 领域的重量级合并案（O2O 是 Online to Offline 的缩写，即在线离线/线上线下，指将线下的商务机会与互联网结合，让互联网成为线下交易的线上平台），在 2015 年的中国互联网行业，还有另外几起独角兽级别的并购事件（如图 3-9 所示）。

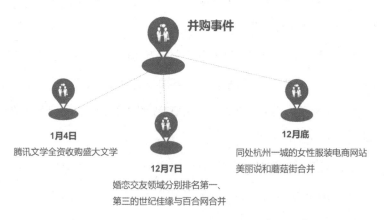

图 3-9 2015 年，中国互联网行业独角兽级别的并购事件

在企业融资领域，随着 2015 年互联网企业纷纷合并，2016 年是它们集体赴美上市的开始。众多投行从一开始服务于传统企业（金融机构、能源天然气、工业、地产等行业中的企业），慢慢转型为服务新经济领域的 TMT 企业（TMT 分别为"电信""媒体""科技"对应的英文单词的首字母），而以华兴为代表的新经济领域的投行也开始异军突起，在新经济领域的融资、上市、并购等事务中，频频有所作为。

这一系列变化自然带来了互联网行业内超大规模的人才流动，催生了不少跻身互联网领域的猎头团队及猎企。在任仕达的互联网团队工作了 3 年，升级为团队经理 1 年后的张晶晶决心创业，这家名为募齐人才服务（上海）有限公司（以下简称 imatch）的猎企成立之初就确定主要服务互联网头部大厂的高端职位，2015 年年底，imatch 才 7 个人，2016 年，其业务爆发，从成为阿里的试用合同供应商到 2017 年获得蚂蚁金服的供应商大奖、腾讯 S 级（最高级别）供应商称号，发展势头迅猛。

据《经济学人》计算，20 世纪 90 年代末之前，中国几乎没有中产阶层；2000 年，中国有 500 万户家庭的年收入为 11500～43000 美元；2015 年，这一数字达到了 2.25 亿户。

在决策层和理论界看来，这意味着新的消费动能产生，"供需错配"为制造业的迭代更新提供了巨大的升级空间。

在老牌公司苦苦转型时，后来被讽刺为"PPT 造车"、创始人出逃美国的乐视这一年风头正盛。有人做了粗略统计，2015 年，乐视先后开了 150 余场新闻发布会，平均每两天一场，这应该是公司发展史上的一个"吉尼斯纪录"。在全球范围内，迄今尚没有一家公司能够在硬件上实现生态化,所以,乐视的泡泡在被吹到极致时必将迎来破碎。

2015年,随着造车新势力的崛起,业内以服务汽车行业起家的猎企,如上海纬特施(WITS),深度参与了几家头部车企的前期团队搭建,顺势在武汉、北京、西安等地布局了核心分公司,在2018年收获了接近4000万元的营收,完成了从零部件到整车全行业、全职能、核心区域的全覆盖。

这一年及随后的几年里,上海瀚仕、康耐仕、普芮科、联洋、一合的汽车团队业务也发展得相当不错。

当然,彼时,财大气粗的公司总是能蒙蔽很多人的眼睛,猎头们也难免会被包装得强悍的公司所欺骗。要求一名猎头顾问或一家猎企判断一家公司是不是有前途的好公司有点强人所难,因为这类似于做风险投资评估,普通人只能雾里看花,人云亦云。因此,不少猎头不太敢服务创业型公司,因为处于创业期的公司,就算估值高、被关注度高、投资力度大,也不能说明它一定能够发展起来。猎头选择服务这样的公司,是存在一定风险的,而遭遇风险之后,往往"一朝被蛇咬,十年怕井绳"。

对猎头来说,风险不仅是有可能收不到服务费用,更严重的是有可能丧失优质候选人的信任。因此,敢于服务初创期公司的猎头团队或猎头顾问,要么是有很强的分析判断能力,要么是以为自己有很强的分析判断能力。敢于铤而走险的,往往是自身也处于初创期,缺少客户的猎头团队或猎头顾问,初生牛犊不怕虎。一旦有人选择踏出这一步,就意味着他踏入了风险区域,和散户进入股市并无二致。

2015年,又从Hudson(翰德)出走了一批资深顾问。其中,Raymond Wong 和 Cherol Cheuk(两位都是翰德中国区的分管总经理)最为知名,他们共同创办了名为Partner One的猎企,其猎头顾问的均产远超行业内30万元/年的平均水平。本来,Partner One预计用5年时间实现营收过亿元,但由于第三年发生了一些人员变动,这个目标被迫延迟了1年。Partner One的两位合伙人把更多的精力放在了如何使顾问们人和、心齐,以及如何加强团队管理和顾问培养上,确切地说,他们对于自己经历过的Hudson(翰德)这类外资猎企的运营模式进行了扬长避短的改造,避免了"无脑继承"。

这对于任何一个有其他组织在身上刻下深深烙印的创业者来说,都是一个重大的、有挑战的课题。

这一年,对FMC来说是一个重要的转折年,可以看作是"重生年"。因为坚信基业长青的猎企是组织密集型,而非资金/数据/科技密集型,陈勇决定尝试一条少有人走的猎头行业组织创新之路:让更多实际经营业务的合伙人从经营权、收益权、所有权三个维度掌握自己所经营的业务的主导权,从而积极聚焦"多对多"的协同效率及基础建设。

在大部分FMC品牌下的公司中,陈勇不再是控股股东、法人代表,他把公司真正"分"给了自己的合伙人,而自己专注于基础公司,集中精力提供中后台服务。后来,采用这一模式、打着这一模式的旗号,或采用属于这一模式的变种模式的猎企有不少,似乎大家都开始意识到品牌加盟、连锁经营的价值。喜欢思考和琢磨问题的陈勇创立了一系列理论,如"用六大原则翻越猎头行业的三座大山(工龄长但资历浅、友军难容、易分难长)""单边机会与多对多平台""68猎头成长操作系统""领导力的八条鱼""theDSPway®平台群岛模式"……这些理论在他的努力下广为流传,他的校友庄华给他取了一个昵称,说他是猎头界的"教父"。

2014年,一家名不见经传的猎企在北京成立了,成立之初只有十余人。如果非要说这家名为华世先达咨询(北京)有限公司(以下简称华世先达)的猎企有点不一样的话,那就是它的创始人邱辉、周林辉和廖向生入行后一直在服务华为。

华为对自己供应商的选择之严格和要求之苛刻在业内外是出了名的,即便华世先达的创始人已经和华为打了多年交道,和不少业务线的部门负责人、人事工作人员都很熟悉,但因为没有人力资源服务许可证,成立初期依旧被华为的供应商采购制度排除在外。一直到2015年10月,华世先达拿到人力资源服务许可证后,才正式和华为签约合作。开始做交付后,华世先达很快成功地推荐了几位候选人加入华为,从2018年起,华世先达连年跻身华为的Top3供应商名单。

这种坚持服务某一行业的龙头公司,并成为其常年合作的核心供应商的业务模式是很多猎企在寻求自身发展之路的时候会考虑的,但真正能做到的猎企并不多,具体原因如图3-10所示。

难以交付	01	这类行业龙头企业对招聘的要求是极其高的,顾问面对的交付能力挑战是非常大的,很多猎头公司即便好不容易签了类似华为的行业龙头企业,也很难给其进行有效交付,更别说大量的有效交付。
行业专注	02	选择行业专注、客户专注是需要猎头公司管理者有战略定力的,因为一旦确立这种战略,就等于抛弃了"短平快"地挤入热门赛道挣快钱的战略,对于没有前期积累的新公司来说,因为产出难度大、职位周期长,很难坚持得住。
顾问水平	03	即便猎头公司管理者愿意坚持,给顾问足够的时间去成长,若顾问自身没有很好的基本功,没有服务类似大企业的经验,人性本能也会让其打退堂鼓,转而选择做其他公司或行业的业务。

图3-10 猎企难以坚持服务某一行业龙头公司的原因

所以，真正能把大客户模式走成功的猎企并不多，但一旦走成功，猎企的发展就会有保障，因为这类客户的招聘需求往往是旺盛又稳定的，是猎企很好的"现金流"客户。

对于服务过华为，或类似华为的大型制造型公司或外资500强公司的猎企来说，其顾问转型去服务地产行业或互联网行业的民营公司，往往能形成一定的"降维打击"。

华世先达以服务华为起家，逐渐拓展到服务互联网、芯片等行业，到了2021年，团队规模达到150人，营收突破8000万元。

2015年，人们的视线大多在追逐互联网、地产、汽车等行业的发展，但其实，这一年是国内芯片行业发展的分水岭。

从2015年开始，外资公司持续将研发核心从我国撤出，国内公司初步成为芯片猎头服务的主要对象。

2015年，Marvell（美满科技集团有限公司）在我国裁员千人，而内资公司北京地平线机器人技术研发有限公司成立；2016年，中科寒武纪科技股份有限公司成立。一边是外资公司裁员，一边是国内AI芯片、边缘计算芯片技术得到大力发展。

在移动互联网时代，自媒体盛行后，从2015年开始，跟随陈勇进行自媒体IP打造的猎企管理者多了起来。毕竟，争夺注意力，无论是客户、人选的注意力，还是潜在员工的注意力，在这个高度离散的行业里变得越来越重要了。越想扩大公司规模，品牌价值就越重要，打造品牌所需要的投入就越多。

2016年，投资人无处不在

2016年，互联网行业感受到了资本寒冬。非规则化的 IPO 暂停、资金投入产出比下降，导致资金流动性受到影响，中国经济发展趋势减缓。2016年，在全年 GDP 增长破七（只有 6.9%）的大背景下，宏观经济的整体态势特别明显地在波动较大的互联网行业中体现了。

从移动互联网爆发式发展开始，创业潮已经持续了五六年，超高的创业失败率让越来越多有创业意向的人趋于理性；移动互联网的爆发式发展让网民大规模转移，当这个量达到一定规模时，增长必然有一个断崖式下跌……这些因素的叠加，使得资本在互联网行业的注入越来越趋于理性和保守。

2016年3月，谷歌的智能机器人阿尔法狗（AlphaGo）毫无悬念地击败了围棋世界冠军李世石。

2016年9月，李彦宏在一次演讲中认定"互联网的下一幕，就是人工智能"。在他的力邀下，微软全球执行副总裁、人工智能顶级专家陆奇加入百度，出任首席运营官。

同年，还有很多引人注目的事情发生，科大讯飞在智能人工语音和超级大脑领域取得了令人惊叹的成就；深圳市大疆创新科技有限公司在2016年实现了100亿元的营业收入，在无人机领域的技术水平居全球领先地位；广东的美的集团以292亿元的代价收购了德国库卡，后者是全球领先的机器人及自动化生产设备和解决方案的供应商，在汽车工业机器人行业的市场份额位列全球前三、欧洲第一；10月1日，人民币加入国际货币组织的特别提款权（SDR）货币篮子，成为继美元、欧元和日元之后的第四种储备货币，人民币国际化迈出了决定性的一步……可以说，中国日益强大的实力开始引起西方各国普遍的警觉。

2016年1月底，中国有约2500只私募股权投资基金，可投资规模达四万多亿元。可以说，任何领域都值得被关注，任何领域都可能是下一个风口。

这一年，大众看到的热门投资领域是直播和共享单车，但其实，还有很多领域有投资人的身影。这些年，被投资人问询的猎企管理者越来越多，要不要卖掉公司？要不要接受投资？这些问题摆在了不少业内知名猎企的管理者面前。可以说，"不是没钱投，而是拿钱投什么"才是投资公司的项目经理头疼的事。

共享单车之所以在2016年成为投资界的最大热点，原因有二。其一，自打车软件"一统江湖"之后，出行市场只剩下"最后一公里"的难题，共享单车的出现及时地填补了这个空白。其二，公共自行车早在2009年就进入了中国，但一直是一项非营利性公共配套服务，采用的是划定区域、有桩停放的模式，共享单车不但采用分时租赁的商业模式，更以无桩停放、随停随骑的特性，为使用者提供了空前的便利。

2016年9月底，滴滴宣布战略投资ofo。2016年年底，摩拜和ofo各自完成了五轮融资，它们身后站着几乎所有重量级的风险投资机构，有越来越多参战者加入混战。

后续的结局，想必大家已经看到了，共享单车的起伏大戏，不过是互联网投资热潮的一个集中体现。

在这样的投资热潮中，选对公司对猎头和人才来说，都带有很强的投机性。在随之而来的投机浪潮中，人们的心态越发浮躁了，这不仅体现在人选的跳槽薪资涨幅里，也体现在年轻猎头顾问的职位上，"一年成顾问，三年做老板"的人比比皆是。

年轻人初生牛犊不怕虎的热情，让不少资深猎头动心了。

2013年，Michael Page（米高蒲志）金融组的经理李珉跳槽到了科锐国际，3年后，身为总监的李珉辞职，创办了英迈寰球人力资源有限公司（以下简称英迈寰球），公司成立之初就对外宣称获得了千万级别的融资。

这是科锐国际历史上最被业内关注的一次出走。

业内人都想看看资本能对人力资源行业，尤其是猎头这样的生意起到多大的促进作用。很快，大家就看到了英迈寰球位于黄金地段的写字楼、高大上的装修风格、有竞争力的底薪，与此同时，不少来自各大知名猎企的人才纷纷加入，各行业组的团队长迅速到位。一时之间，英迈寰球风头无二。

对于英迈寰球是否能够有序发展、是否能够上市，业内的看法是多样的，有些人一开始就不看好，有些人打算先观望观望，还有些人不想发表评论。最终，英迈寰球4年左右的发展历程再次验证了一件事，那就是比起赚钱，很多创业者并不擅长花钱，他们很容易把钱花错地方，把钱花得太快。

创业是做错一件事可能会失败，做对十件事也未必会成功的游戏。

有分裂就有合并，美资猎企艾利安人才服务（上海）有限公司收购了同为外资猎企的大洋洲猎企 Talent2。Talent2 的前身是一家人力资源软件开发公司，2004 年，Morgan 收购了该公司并把它命名为 Talent2，此后，Talent2 成为一家快速增长的人力资源外包服务公司，总部设在澳大利亚，为多家跨国公司提供服务，其中包括科尔斯集团、福斯特、强生公司、优利和 QBE 保险。

人力资源业务的属地化特性决定了要想快速进入某地市场，自己拓荒不如收购当地优质团队、公司。自从科锐国际确立了上市目标之后，就没有停下过收购专注各人力资源业务模块的团队、公司的步伐，几乎每年都会有团队、公司被它收入囊中。

2016 年 7 月初，有一家中介机构算了一笔账，中国城市规模排名前 20 的城市的房屋价值之和，居然已经超过了美国国土面积上所有房屋的房屋价值之和，其中，北京的房屋价值之和是纽约的五倍、北京西城区金融街的写字楼租金已经超过了著名的曼哈顿，这意味着，2016 年又是地产行业的丰收年。

自 2012 年起专注服务地产行业的铜雀咨询，这一年仅服务一家地产集团的猎头费就入账 6000 多万元。同年，一直坚持布局四个行业的索乐咨询在随着地产行业的东风渐起后，终于决心只保留地产行业组，专注服务地产行业，团队从四十余人，一下子缩减到十余人。不过很快，5 年后，索乐咨询的规模扩充为上百人，全部服务泛地产行业。

与互联网行业和地产行业的热闹相比，实体制造业显得有点落寞。曹德旺的福耀玻璃工业集团股份有限公司是中国最大的玻璃生产商，但如今，它的掌舵者去美国开了工厂。

曹德旺的选择反映的是国内劳动力成本的上涨。在相当长的时间里，制造业从业者一直在争论，到底是"+互联网"还是"互联网+"，其实，关键在于发展模式到底能不能被创新。

"南有尚品，北有红领"，广州尚品宅配家居股份有限公司和青岛红领服饰发展有限公司，两家中型公司在最传统的家具和服装行业蹚出了一条新路，成为2016年"互联网+"潮流里的新星，而定制化、模块化的创新模式和数字引领的发展思路，启发了斯科的刘汪洋。

这些年来，随着斯科人不断创业，"斯科系"名声日显，但斯科本身的发展却在放缓。对于如何打造一家面向未来的猎企，刘汪洋一直没有停止思考，他不希望自己一手创建的公司无法迎来更大的辉煌。

2016年，跨国医药企业陆续关闭在中国的研发中心，引发部分高管在外部PE/VC的推动下开始自主创业，先后创办创新药公司，掀起了医药行业人才需求的高潮。创新药公司如雨后春笋般出现，都需要从研发部分开始搭建核心团队，导致几乎所有研发岗位都成了热门岗位，此外，C级别职位也时有空缺，如CEO（首席执行官）、CMO（首席营销官）、CBO（首席品牌官）、COO（首席运营官）、CFO（首席财务官），加上各部门负责人职位（集中在转化医学、上市前医学、临床运营、药品注册等部门），招聘市场风起云涌。

在这样的大环境下，几年时间里，专注服务医药行业的猎企大幅增加，包括奥火（上海）企业管理咨询有限公司(以下简称奥火)、概桅（上海）人力资源有限公司（简称GES）、海拓思远国际咨询（北京）有限公司（简称HTG）、上海陞麟人力资源顾问公司等，这些猎企在医药人才市场中扮演了非常重要的角色。与此同时，成熟的猎企继续扩大自己的医疗猎头团队，有多家猎企的医疗猎头团队人员规模达50人以上。

中国创新药公司之所以在此时崛起，是因为2015年之后，药品审评审批制度改革提速、带量采购政策实施、资本市场也开始助力。2018年，港交所主板上市规则更新，允许未有收入、未有利润的生物科技公司提交上市申请，助力国内创新药蓬勃发展。政策加资本市场同时给予利好，众多生物科技公司如雨后春笋般冒出来。

到了2020年，医疗行业投融资总额达到1626.5亿元，创下历史新高。

行业繁荣的背后，是人才的快速更迭。2014年在对点咨询转型负责医药行业的张利英从2015年开始组建团队，到2017年时，团队已有二十余人。同张利英一样赶上了国内创新药发展时机的个人和团队不在少数，但能够获得每年业务翻倍式增长的团队，除了得益于大环境外，更得益于团队的稳定、顾问的基本功扎实。

创业路上，从来没有人能随随便便成功，一帆风顺往往是暂时的。创业步入第5个年头时，随着一个创始合伙人因家庭原因退出，FTP China的创始人郭涛将公司在南京的分点撤了，并将公司名改为上海众猎企业管理咨询有限公司，和当时已经是太太的合伙人分管消费零售行业和化工行业，再次出发。众猎国际的发展历程很具代表性，可以说符合不少猎企老板们的战略设想和规划，即从一开始"小而美"的"精品作坊"起步，到初步规模化发展，再到兼并小型同行业公司并建立真正意义上的合伙人制度，进入强中台模式。

与此同时,仲望咨询的余仲望和景红终于达成一致,关闭位于新加坡的分点。这两年,余仲望将内地公司的盈余都投入了这个分点,但无奈水土不服,全打了水漂。那些关于"仲望咨询在新加坡招了很多老外,成本很高,到底想干什么?"的疑问还没有被解答,就不需要解答了。

北京有多少猎企,大家很难知晓确切的数字,但我们很快就会迎来国内第一家以猎头业务起家的人力资源集团上市,它的起点和总部,都在北京。

2017 年,科锐国际上市了

2017 年,核心经济指数的表现比想象中好。首先是 GDP,上半年同比增长 6.90%,好于 2016 年同期,7 月,国有企业利润增长高达 23.10%。其次是人民币陡然强势,年初,几乎所有重量级金融机构都认为人民币贬值态势难以逆转,人民币兑美元破七指日可待,可是谁承想,10 月初,人民币竟逆势大涨 5.76%,稳定在 1 美元兑 6.6 元的水平上。

2016 年年底,中央经济工作会议提出"房住不炒"理念,围绕这一理念,政府优化住房政策。2017 年 3 月起,限售、限价、限购等一系列调控政策密集出台,包括首付的提高、利率的提高、限购的收紧、北京商住房的限购及限售等。

基于对地产行业发展前景的不同看法,开发商开始分化。

这一年,万达商业、融创集团、富力地产进行了战略并购,万达商业将北京万达嘉华等 77 个酒店以 199 亿元的价格转让给富力地产,将西双版纳万达文旅项目、南昌万达文旅项目等 13 个文旅项目的 91% 股权以 438 亿元的价格转让给融创集团——两项交易总金额共计 637 亿元，成为中国地产行业历史上最大的并购交易。万达集团收回大量现金，由此走上了"轻资产"发展的道路。

与此同时，国内绝大部分地产公司持"看多"观点。这一年，全国有 17 家地产公司销售额过千亿元，碧桂园、万科、恒大地产，前三强销售额过 5000 亿元。年底，有超过 20 家地产公司提出 3 年冲"千亿"的目标，这些公司绝大部分是"高周转"的运行模式，多家公司提出了"学碧桂园"的口号，典型的如中梁集团等。一些服务地产行业起家的目光敏锐的猎企，如顶才猎头，基于以上市场判断，开始选择重点合作少数头部地产公司和十余家冲"千亿"的地产公司，疏解了来不及调整战略以适应地产行业开始从"过热"转变为"新常态"所带来的业绩增长压力。

2017 年的热词是"移动支付""新零售"，以及"区块链"。新零售是"体验革命"和"品类革命"，这种说法基于两个前提，其一，新技术持续出现，为线上与线下交互融合创造着新的可能性；其二，年轻的中产消费者不再满足于网上的廉价商品，开始愿意为高性价比的、个性的商品买单，同时愿意回到真实的场景中，即买即得。

2016 年，亚马逊开了首个无人值守的线下全自动智能便利店 Amazon Go（如图 3-11 所示）。事实上，中国的新零售创新，远多于亚马逊所在的美国。

图 3-11　无人值守的线下全自动智能便利店 Amazon Go

2017 年 7 月，阿里巴巴开了无人超市"淘咖啡"。此外，马云还投资了一家叫盒马鲜生的生鲜超市，其最大的特点是快速配送——门店附近 3 公里范围内，30 分钟送货上门。网易的丁磊也推出了网易严选，到 2017 年年底，网易严选销售额突破 70 亿元，赶超了无印良品在中国的销售额，随后，网易严选迅速开了自己的线下体验店和精品酒店。

新零售概念兴起及大公司新业务起航都带动了猎企的业务增长，无论是传统消费零售团队进军新零售、互联网领域，还是互联网团队在自己的垂直细分领域里、电商赛道外加辟新零售赛道。

服务 BAT、网易的猎头不再仅仅来自那些专注互联网行业的猎企、猎头团队了，越来越多原来服务其他行业的猎企、猎头团队加入竞争。毕竟，万物互联的时代已经开启。即便如此，第一时间抓住机遇并非易事，很多老牌猎企，尤其是习惯于服务传统行业的猎企，很难及时拥抱变化。

2017—2020 年，因大中小客户全面开花，FMC 以外企为基本服务对象的消费零售团队的业务量超过了以往任何时期，但正是因为太习惯服务外企，FMC对民企和电商平台的关注有滞后且相关业务推进相对缓慢，没有及时把握住这一发展时期。FMC的猎头们不同于从服务互联网大厂和大型民企起步的新猎们，那些新猎没有历史包袱，直接从服务巨头开始，反应速度快，灵活性极高。当然，即便如此，FMC的消费零售团队每年也有两位数的业务量增长，并且在2020年新冠肺炎疫情暴发后，立刻加速开拓电商新零售业务，体现了具有专业服务水平的猎头团队的实力。

老牌猎企总是稳中求进，敢于不赚快钱、热钱。

2017年，最引人注目的企业家是贾跃亭，他一口吹大的乐视终于在这一年被吹破了。9月27日，乐视更名为新乐视，一字之别，完成了与贾跃亭的切割。10月31日，媒体曝光乐视网在上市时涉嫌财务造假，多名股票发行审核委员会委员被警方采取强制性措施，一旦罪名成立，乐视将被勒令退市。

与此形成强烈反差的是，2017年2月28日，小米发布松果芯片，成为全球继苹果、三星和华为之后，第四家拥有自主研发芯片能力的手机公司。高科技公司的势力空前壮大，把美国五强（苹果、谷歌、微软、亚马逊、脸书）和中国双雄（腾讯、阿里巴巴）的市值加在一起，将达到3万亿美元。在中国，BAT的势力无远弗届，它们在社交媒体、电商和搜索市场中形成了垄断性优势。2017年上半年，中国有98家"独角兽"公司，八成与BAT有关。

如果说前几年不少小型猎企还在安心服务互联网行业的初创公司，

那么如今，嗅觉相对敏锐的猎企管理者已经在想方设法地试图带领公司挤进 BAT 等头部互联网大厂的供应商大军了。

和在很多传统行业与客户确定合作关系相比，签约互联网大厂并没有那么难，难的是做好职位交付。这些互联网大厂都有自己的人才库，一旦猎头推荐的人才被查出属于库中所有，就不再算猎头推荐。所以，一边是人人都想服务互联网大厂，一边是人人都在喊互联网大厂难以服务。那些把互联网大厂服务好的猎企无疑都会成为行业新贵，但这条路并不好走。

服务创业型公司和服务头部公司是不同的，要把顾问的做单思维由"有什么做什么""什么单子好做做什么"转变为"战略客户不能丢""大单再难也要啃""职能专注分清楚"是极难的事，但又是必须要做的事。能否成功转变，决定了一家猎企的营收是常年徘徊在 2000 万～3000 万元，还是能够突破为上亿元。

经历了 2015 年的北京团队大出走后，2016 年、2017 年，科锐福克斯连续两年陷入"要转，如何转"的混沌期，一直到 2017 年年底的沙巴会议，管理层才彻底确定战略转型的决心，开启公司发展的新阶段。

芯片热初见端倪让一些嗅觉敏锐的猎头人为之投注目光，这些年一直低调地专注服务芯片行业的猎企和猎头团队开始被频繁地提及，比如摩尔精英集团（以下简称摩尔精英）、上海脉图企业管理咨询有限公司（以下简称脉图）、深圳市拓驰猎头有限公司（TouchHR，以下简称拓驰）等，开始被更多人知道。

"科锐国际要上市了"的传闻在业内传了三四年，内部讲了三四年后，终于成真了（如图3-12所示）。2017年6月8日，科锐国际以每股6.55元的发行价在A股市场上市了。科锐国际成为第一家以猎头业务起家，逐步发展起来的人力资源上市集团，这无疑是当年行业里最大的新闻。当然，此时的科锐国际早已不再是一家仅经营传统猎头业务的公司，而是一家拥有猎头、RPO、灵活用工、派遣服务等多业务、多品牌的集团公司。

图3-12 科锐国际上市

注：图片由科锐国际提供

然而，更常见的情况是理想是丰满的，现实是骨感的，和庄华想带领伯乐冲出中国、走向世界的理想所不符的是，被收购之后，Recruit（日本瑞可利集团）授意伯乐继续专注做好中国市场。在这种情况下，庄华决定再次创业。任何一门想做大的生意都很难忽视资本的力量，猎头生意也不例外。决定再次创业的庄华积极地选择了拥抱资本，带着猎聘的投资，上海德筑（CGL），将在2018年正式走进猎头从业者的视线。

2017年11月，深圳人才集团根据深圳市委市政府的人才强市战略设立了全资子公司——深圳千里马国际猎头有限公司。这家公司的注册资本为一亿元，由集团原猎头部的5个人发展而成。其实，各地国有背景的人力资源集团这些年都组建了猎头业务部门，只不过像深圳市这样单独成立猎企的尚属首例。

这一次，"国家队"开辟新航线，掌舵的船长来自外资猎企。同年，徘徊多时的国有企业产权改革终于实现了颇具象征意义的突破。

2017年1月，云南白药的产权试验轰动全国；同年10月，中国联通的股权增发方案获得通过。当国有企业的商业化运作越来越趋向于现代化公司时，服务它们的供应商才能越来越多地来自体制外。

如今，除了外资客户、民营客户之外，越来越多的猎企开始服务国企客户，甚至和地方政府合作，为政府机关引进人才，协助相关部门开展人力资源行业的培训业务。

这一时期，几乎所有公司都挣扎在产业变革的"空窗期"。在这一年的汉诺威工业展和拉斯韦加斯消费电子展（CES）上，人机协作、机器人和工业云服务亮点频现，不过大多仍处在概念型产品阶段；汽车厂家纷纷推出了自己的新能源汽车，但发展前景究竟如何，恐怕很多人心里都有问号。

2017年，于国内的猎头行业来说是一个重要的里程碑之年，因为终于有本土猎企上市了；于中国经济来说，则是拥有众多盲盒的一年。

2013—2017年总结：
唯一不变的，是变化

2013年，中国猎头行业走进了自身发展的第3个十年期，如果说前20年的发展速度和其他行业相比算不上快的话，那么之后的10年乃至更长远的未来，猎头行业在国内的发展将提速，这不仅是因为它所服务的行业纷纷进入升级或转型的历史周期，整个国家进入经济领域的改革深水区，还因为国家对人力资源产业寄予了厚望，颁布了一系列利于它良好发展的政策。尽管在这个时期内（2013—2017年），一切只是"小荷才露尖尖角"，仍然有三点显而易见的发展趋势，如图3-13所示。

获客成本越来越高了　　马太效应越来越强了　　融和（合）化趋势越来越明显了

图3-13　2013—2017年，中国猎头行业的三点发展趋势

1. 获客成本越来越高了

在20年的行业进程中，中国猎企不断地在教育客户和被客户教育中前行。到了这一历史时期，猎企对客户的定位、客户对供应商的定位都越来越清晰了，"猎头""猎腰""猎脚"的区别不再模糊，对于猎头服务是什么、做什么，大家都有了更多的认知。

此时，客户判断一家猎企是不是有能力操作高端职位，不再仅仅看猎企名气、规模、投资人属性了，而是会更多地依靠行业口碑、背景调查、试单等手段，进行更为理智地判断。

换言之，较之过往，如今的猎企能够获得更多的与其他同类机构平等竞争的机会，哪怕它刚成立不久，或者总部在二线城市、三线城市。不过，这种获客成本的降低，或者说难度的减小，是建立在客户筛选方式的转变上的。

客户之所以不再像过去那样严苛地筛选供应商了，主要原因是市场上的供应商太多，且供应商之间的水平差异太大、要确切评估其水平的难度太大，同时，在大多数猎企中，预付费模式几近消亡，这决定签署合同的成本几乎为零，对供应商实行宽进严出的策略才是更明智之举。这也是近年来很多大公司的猎头供应商大会可以达到百人规模的原因之一。

表面上看，猎企拓展客户越来越容易、成本越来越低了，实际上，成本是不降反升的。原因主要有三点，如图3-14所示。

01 客户耐心有限，交付不力更容易丢失客户，而一旦丢失，让客户再给机会的难度很大

02 猎企的选择余地有限，一旦被定位在某些职能或某些层级职位交付的供应商中，猎企想拓宽自己的实际业务覆盖面并不容易

03 客户多，未必职位多；职位多，未必职位有效；职位有效，未必顾问能交付……获取大量客户，未必能带来大量业绩产出

图 3-14　猎企获客成本越来越高的三点原因

这种种变化，对猎企管理者搭建一支能够快速交付的顾问团队提出了更高的要求。

换言之，从大多数公司不用猎头渠道进行招聘到越来越多的公司接受用猎头渠道招聘这一招聘方式，这样的转变固然是好的，但处处有客户，就意味着处处有竞争，这对猎企管理者的客户筛选能力有着很高的要求，因为优质客户是有限的、争夺优质客户的难度是在提高的。

所以，在这一时期，即便处于较为先进地位的猎企早已进入按行业组建团队、按职能分配顾问的阶段，也往往会被顾问的交付能力限制，难以扩大实际产出。为了提高顾问的交付能力，适应大规模交付的需要，猎企在这一时期开始真正重视起了内部培训、IT 系统建设。

如此分析后，大家会发现，猎企的实际获客成本不降反升的逻辑是清晰的。获客成本，如果算上顾问的培养支出、一系列配套设施的搭建及进一步完善，支出数额很可观。经营成本越来越高，这一点无论是对于有规模的、希望用规模来稀释成本的猎企来说，还是对于只有几个人

的猎头团队来说，都是一样的。别的不说，同样的年薪，同样的佣金收入，10年前、20年前和今天的购买力是大有不同的。

2. 马太效应越来越强了

和其他行业一样，有了原始积累后，随着滚雪球效应不断发挥作用，一些猎企在竞争中的优势会日益明显，不断被放大；另一些猎企则日益艰难，两极分化现象越来越严重。

有的猎头顾问可以操作独家职位，有的猎头顾问则只能和数十个竞争对手争夺资源；有的合同的佣金点数能维持在25%左右，人选入职后一次性付款，有的合同却说15%左右的佣金点数是正常的，且分两次付款，人选未过保证期，猎企需要退还已转账的佣金；有的猎企人均单产80万元，有的猎企人均单产20万元……

如果不是同时接触过这两个群体，大家一定会觉得有一方撒谎了，甚至行业中的人，身处其中一方时，也会对另一方的情况感到不可思议。这就好比人们调侃知乎用户人均年薪百万元，但放眼全国，到2020年，人均年收入也才3万元。猎头行业的各类数据也是如此魔幻。

尽管这几年，猎头从业者们普遍觉得专注型猎企、百人规模以上的猎企越来越多了，小作坊式猎企难以存活，但事实上，小微猎企依旧存在，无论是新成立的，还是成立时间不短的。只不过，较之前者，小微猎企没有力量发出更多、更大的声音。虽然处于同一个行业，但是大家的发展进程不仅不同步，差距还很大。唯一可以肯定的是，基于马太效应，跟不上进化节奏的个人和组织，早晚会被淘汰。

这里所说的差距，并不仅指客单价的差距，即"猎头""猎腰""猎脚"的差距，还涉及组织现代化运营能力和管理水平的差距。

　　同在国内猎企行业中发展，一些猎企已在现代，另一些猎企却好像还在明清时期。这不仅意味着内部生产力、生产方式的差异，还意味着外部宣传能力的差异。任何行业里，能够发出自己声音的都是头部公司，虽然猎头行业高度离散，并非少数猎企能够形成"垄断"，但市场上在不断发出自己声音的猎企不过百来家，被广泛知晓的猎企恐怕只有二三十家。

　　这就意味着同样受到马太效应的影响时，行业内的顾问招聘难问题对头部猎企造成的压力相对较小，因为它们有知名度。对数量更庞大的小微猎企来说，招聘难度是很大的，因为在人才没有听说过一家公司时，想要吸引他们加入，需要花费的综合成本（时间、精力、财力）很高。因为惧怕这样的高成本，很多小微猎企放弃寻觅优质人才，不愿投入足够的精力进行大浪淘沙式的"捡漏"，但退而求其次，求到的往往是次之中的次之。

　　一旦陷入这样的循环，公司想要变大变强就非常困难了。这也是为什么放眼其他行业，不少大公司会在雇主品牌宣传、校园招聘宣讲、管培生计划上投入重金，因为人才是第一生产力，而选材是第一步。对于猎头行业来说，尤其如此。

　　可惜，马太效应日趋明显，弱者想变强，首先得舍得投入、敢于变革，真正把组织的运营能力，包括人才培养能力、后勤保障能力、宣传推广能力提升上来。不然，只能是痴人说梦。仅靠老板一时兴致所致，做一波宣传、买一堆奖杯、开一些自媒体账号以打造公司 IP 的名义打造个人IP……都是流于形式的表面功夫，不是真正下定决心好好修炼的内功，结果只能是热闹一阵，早晚成为别人茶余饭后的谈资。

● 3. 融和（合）趋势越来越明显了

如果说获客成本变高了是猎企经营者的普遍感受，马太效应变强了是猎头从业者的普遍认知，那么，融和（合）趋势越来越明显了则是有心人的观察发现。"融和"与"融合"是不同的，前者侧重于合成一体，共生，但你还是你，我还是我，我们还是独立个体；后者侧重于完全合二为一，没有你，也没有我，只有一个合二为一的新我。目前阶段，猎头行业、猎企的发展趋势有在融和的，也有在融合的，具体来看，至少有三个维度的融和（合）发展趋势。

（1）人才结构的融和趋势

早期的人才结构是高端猎头业务选用职业经理人居多、中低端猎头业务选用应届生或有少量工作经验的人居多，如今的人才结构则表现为将两类人进行组合。这一趋势越来越明显，至少，头部猎企是有类似尝试的。

过往，将两类人进行组合的顾问加寻访员业务操作模式只在少部分头部猎企中被采用，大部分猎企即便采用这样的业务模式，其顾问的背景往往也是单一的。换言之，除了吸纳跳槽来的猎头同行外，多数猎企至今还以应届生和有少量（1~3年）工作经验的人为顾问主体，有历史的、有规模的猎企也不例外。这么操作，大体是出于对用工成本的考虑和对过往培养经验的依赖。即便如此，变化还是在发生，并且，变化不仅发生在大家都关注的头部公司中，也发生在更多小微猎企中。

行业内顾问存量的有限和参与争夺优秀顾问的同行的增多，都在倒逼猎企采用自培养顾问的模式。在自培养顾问的模式下，选择何种人才作为培养主体，会受到市场供给和市场需求两方面作用的叠加影响。如今的市场供给和市场需求，显然在变得多元化、多层次。

随着猎头行业在国内二十余年的发展，人们对于猎头的认知不断地清晰化，2017年热播的电视剧《猎场》更是将猎头行业推到了大众面前。

从供给端看，不仅愿意做猎头的人多了，年龄层次、背景层次的跨度也越来越大了。转型做猎头的人不再仅仅是工作1~5年、因为对未来感到迷茫而想试试运气的人，还多了一些工作十年以上的、经过深思熟虑才决定转型的职业经理人。

从人才背景看，愿意做猎头的人，不再仅仅是人事、销售背景的人，从技术、研发、采购背景，到财务背景，什么背景的人都有。

从需求端看，如今的猎企创始人有着各种不同的人才选择偏好，这些选择偏好的不同，较之早年的创业者要明显得多。如今的猎企创始人的人才选择策略不仅和前辈们不同，和同辈们也不同，他们选择的赛道不同、业务的定位不同、自身的背景经历不同，对打造什么样的猎企的看法更不同，这些都会导致他们更容易突破过往的"非A即B"的选择策略。并且，较年轻的猎企没有历史包袱，在既定战略下灵活地运用战术，甚至调整、推翻战略，都会更容易一些。

在人才选择偏好上如此，在其他方面也一样。融和不同人才在过去或许是应对顾问招聘难的不得已而为之的办法，在如今，则是一种主动选择，符合VUCA时代（volatility易变性、uncertainty不确定性、

complexity 复杂性、ambiguity 模糊性）的要求。

总之，供需方的变化共同导致想做业务升级或产能扩容的猎企在人才选用策略方面有了更多的可能性。显然，想兼顾人才的量和质、兼顾均产和规模，采用融和的人才策略是一种趋势。不同年龄层、不同工作背景、不同定位的业务组合会给猎企的运营管理带来巨大的考验，却也是有野心的猎企所不得不面对的管理课题。毕竟，单一化的人才团队很难应对未来的挑战，与其被迫接招，不如主动应战。

（2）业务模式的融和（合）趋势

根据业务模式划分，业内接受度较高的是 KA（Key Account）大客户模式和 PS（Proactive Specialized）主动专注模式。如果根据订单的获取渠道划分，还有线上模式和线下模式，前者的猎头顾问不负责拓展客户和职位，依靠有客户和职位的线上平台（猎上、猎萌等）获取订单；后者则是传统的业务模式。根据这两种分类，我们分别谈一下融和（合）。

先说 KA 模式和 PS 模式。

有了 KA 模式和 PS 模式之分后，大部分猎企采用的是 KA 模式，小部分猎企采用的是 PS 模式。但随着时间推移，这些说法只是为了方便猎头新人、业外人士理解。

其实，到第 3 个十年期时，不少猎企的业务模式已经是融合的 KA+PS 模式了，即你中有我，我中有你。即便不是融合成一体的新模式，也融和在一起了——组织内部既有按 KA 模式运作的团队，也有按 PS 模式运作的团队，甚至同一个团队在不同的历史阶段分别按 PS 模式或（和）KA 模式运作，不再存在像过往那样两种模式泾渭分明，不能同时存在于一个组织内的情况了。

之所以会产生这样的融和（合）趋势，主要是两方面原因造成的。

一方面，基于这些年的发展经验及对历史教训的总结，猎企自身对于业务模式的理解能力和运用能力提升了。管理者逐渐知道什么业务适合什么模式、什么团队适合什么模式、什么阶段适合什么模式，不再一刀切地搞转型，把业务模式看成是能够让猎企存活的"救心丸"了。

另一方面，市场上的客户，尤其是体量大的公司，对猎头供应商的综合服务能力的要求越来越高了，即对职位交付的速度、质量，以及能交付的职位量、职位层级和职位种类的要求变高了，并且，客户并不希望有太多人员作为对接口与其对接工作，这是客户遭遇自身的竞争加剧、合作的猎头供应商实际上供过于求所必然导致的结果。

两方面结合，需要新的解决方案。

融合化的 KA+PS 模式之所以能成为解决方案，原因很简单。在猎企及大团队层面采用 KA 模式，能够让客户享受专一对接或对接口相对较少的对接服务，确保对大客户需求的及时响应；而在顾问及小团队层面采用 PS 模式，能够让顾问有各自专注的职能方向，更快、更好地积累资源并产出业绩，把重心放在同质化职位的交付上，不被客户端接洽牵扯太多精力，从而使团队整体的交付能力从速度到质量都有更好的表现。

想成功运作这种融合模式，使之发挥效果，既需要团队长、管理层有很强的业务管理及人员管理能力，也需要顾问有很强的深耕细作的交付能力。换言之，不是"模式变一变，效果自然来"，而是需要不断地投入精力去培养人，不断地调整业务和人的适配性，不断地迭代模式运作的细则，并不断地对与其配套的激励机制和相关制度进行调整。

运作融合模式有不小的难度，因此，虽趋势已在，但大多数猎企还在摸索，处于领先地位的猎企大多是入行时间不太久的行业专注型猎企，究其原因，在于改变中最难的环节是改变固有的思维习惯，虽然很多人都知道，过去帮你取得成功的方法，可能是未来让你无法取得成功的束缚。那些强 KA 模式或强 PS 模式的猎企是需要改变的，不适度地改变自己，恐怕难以跟上时代的变化。

再说线上模式和线下模式。

基本上，传统的猎企，无论规模大小，都是线下模式的采用者。线上模式被采用，多集中于在做单平台出现前后成立的猎企身上，尤其是二线城市、三线城市的小微猎企，有的在遇到线下模式经营不善的情况，遇到缺客户、缺稳定且有经验的顾问而无法解决问题的情况时，转为线上模式；有的一开始就打定主意采用线上模式；还有的两种模式都采用，只是业务量占比不同。

未来是否会出现线上模式和线下模式在同一家猎企，尤其是有规模的猎企中共生（融合）发展的情况呢？如图 3-15 所示，取决于三个变量。

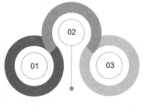

图 3-15 决定猎企能否融合线上模式和线下模式的三个变量

对于这三个变量的发展走向,不少人心中是有明确答案的。

近几年,二线城市、三线城市及更多下沉市场的猎企开始萌芽、发展。在各种限制条件下,为了存活选择依附各类做单平台的猎企,可以说是为自己找到了解决燃眉之急的办法。

如果说各类做单平台的出现是为了满足资本投资的预想,那么,它们能够存活,除了有客户需求之外,更多的是因为满足了这部分猎企的需求,并随着这部分猎企的数量增多而日益活跃。

所有事情都遵循边际效应递减规律,有足够多的猎企在平台上活跃,这并不是平台能够持续运营的原因,平台能否持续运营,取决于客户的需求能否被满足;客户对平台的需求大小,取决于平台是不是特定职位招聘的较优解、是不是符合客户当下招聘需求的较优解。换言之,平台上是否有足够多有交付能力的顾问(无论是以个人名义,还是以公司名义),这才是平台能否持续运营的关键。

在客户眼中,各类单边平台和传统猎企并无二致。在平台上做单的猎企,其实是平台众多的外包方之一,是平台的"打工人"。如果这种地位关系不改变,那么,平台越强大、客户越多、订单越好,猎企对平台的依赖度就越高,相应地,猎企的话语权就越小、遭遇的竞争对手就越多。

哪怕平台没有要求猎企签排他协议(已经有平台提出过类似要求),也没有形成寡头垄断(目前比较有体量的平台最多五六家),这类猎企的业务发展模式也很难往融和(合)方向走,因为它们要面临的第一步不是融和(合),而是转型。

当然,这些分析都是基于目前处于主流地位的单边平台进行的,如果平台的性质变了,就是另一回事了,到那时,融和(合)的可能性会更大一些,或者说,线上模式和线下模式打通的必要性会更大一些、难度会更低一些。

需要明确的是,我们讨论的融和(合)不是指一家猎企有两个团队,一个在一线城市做线下模式,另一个在三线城市做线上模式,这种同时存在并非"共生",仅仅是"井水不犯河水"。

(3)组织模式的融和趋势

如果说,第2个十年里,老板们关注的焦点是业务模式,那么,第3个十年里,他们关注的焦点变成了创业前期的合伙人制度建设和运营后期的组织模式创新。组织模式就像糖果一样,将同一口味的糖果包裹在不同的包装纸内,人们就常以为是不同的口味。

在各家探索的过程中,组织模式的变化也出现了融和的趋势,主要表现为合伙人机制的复杂化导致组织模式的兼容性,兼容性让很多猎企看起来模式不同,实际上模式相近。比如,一些猎企看起来是"大统一"的"中央集权制",由创始人及创始团队决定大小事务,但其实,各地办公室、分公司的负责人也是合伙人，也能参与大小事务的决策，也拥有公司层面的股权及分红权。这类猎企，和实行"加盟连锁制"的猎企本质相似，区别只是前者让人感觉是内部员工晋升成合伙人，后者让人感觉是外部团队加入后，团队负责人顺理成章地做了合伙人。

人们主观认为，前者的老板对公司有相对而言更大的掌控力度，后者的老板对公司只有相对较小的掌控力度，其实不然，掌控力度的大小仅取决于老板赋予合伙人的权限有多大（是否有股权，是否有分红权）、参与分红的利益池有多大（在公司层面，还是仅仅在自己的团队层面）、权限大的合伙人有多少个（几个，还是十几个）。

换言之，无论组织模式看起来是"中央集权制"还是"加盟连锁制"，权限分配的本质都是合伙人制度，即拿着合伙人名片的人权限究竟有多大。

至于"松散联盟制"，其实根本称不上是一家公司的组织模式，和各个国家加入东盟、欧盟的性质是一样的。

无论在猎头行业内还是行业外，无论一家公司如何给自己的模式命令，就其本质而言，只有"中央集权制"和"加盟连锁制"两种。一些公司宣传的新模式，往往是基于这两种模式做一些微调，比如将两者进行叠加，或强化两者中的优势面。

这些创新趋势，可以被视为融和趋势，因为这意味着在猎企走向规模化的过程中，一些先行者已经意识到，要克服 FMC 的创始人陈勇概括的"易分难长"障碍，猎企创始人必须让渡一些权利给更多的合伙人，并且平衡好外来合伙人和内部合伙人的利益、关系。

至于究竟是让自培养的员工快速成长为合伙人，从而实现组织的规模化（以锐仕方达为例）；还是直接吸纳各路英才成为合伙人，从而实现组织的规模化（以上海德筑为例）；抑或是让加盟的团队在享受最大化的独立运营权的同时，将冠名的组织看作信息交换、物资补给的中枢，形成类似于"中央集权制"下中央与地方的连接关系，从而实现组织的规模化，或者说外在形象统一的规模化既视感（以FMC为例）……这些都有人在实践，有人在效仿。

这些方向的差异，从形式上来说有不少，但从本质上来说，只有一个，那就是创始人、创始团队对公司的掌控力的强弱。掌控力的强弱与组织采用的组织模式必然相关，也和创始人的个人魅力及领导力相关，还和与其相配套、相适应的一系列制度及落实制度的管理手段相关。因为即便采用一样的组织模式，组织的实际表现也是千差万别的。从"独裁统治"到"西式民主"，组织模式各有利弊，如何选择，既取决于选择者（公司创始人、创始团队）与组织模式本身的适配性，也取决于被选择者（合伙人、核心管理层的职业经理人）与选择者及组织模式的适配性。

总之，无论是人才选择、业务模式选择，还是组织模式选择，猎企经营者的选择策略绝不应该是简单跟随、盲目效仿。成功不可复制，并不是不该学习，而是要学会有选择地学习。天时、地利、人和，缺一不可，找准自己的路径，在融和（合）趋势下，不要"病急乱投医"。

需要明确的是，这三点趋势的背后是资本（投资者、投资机构）对猎头行业的关注度的上升。资本在推着行业内的头部猎企和更多的猎头公司走规模化、平台化的道路，要走通这样的道路，传统猎企除了要积极开拓人力资源其他业务板块，更要加大对科技（数据的管理与利用）的投入，这一点日益紧迫。

这三点趋势的外在表现，是这几年，离开大公司自己创业的资深猎头在增多，从其他行业里转型来做猎头顾问、创办猎企的职业经理人也在增多。在下一个历史时期里，伴随着资本关注度的提高和就业压力的增加，创业潮和转型潮还会继续走高。这是时代给予行业的机遇，也是时代给予个人的机会。不过，这些机遇、机会，没有刚开始时那么容易把握了，因为创业的成本在变高，但成功的概率并没有变高。

Part 04
第四部分

2018—2022 年
——猎头行业的巨变初期

2018—2022年:
科技驱动？资本驱动？

2018年，成立一年营收破亿不是梦

从1978年起，到2018年，改革开放迈入了第40个年头。按人类的生命周期看，是"中年不惑"之期，但就中国的经济改革来说，是"中年有惑"之期。40年来，中国以空前的创造力、强烈的发展意志，向世界证明了自己的实力与格局——中国成为最大的外汇储备国和第二大对外投资国，至少有127个国家视中国为最大的贸易伙伴。

2018年，中国进入了自身改革的攻坚期，也和其他国家一起步入了VUCA时代。在新时代，每一个普通人都将迎来更大的挑战，这个挑战就是人们对美好生活的向往和现实生产力发展水平之间的差距。

2018年，意识到变化的人不少，但知道如何应对变化的人极少，因此，焦虑的人很多。罗振宇在跨年演讲《小趋势》中给了这些焦虑了一年的人一些信心，因为他开出了一张方子：找到小趋势并把握住的人，就能在接下来的历史时期中跑赢多数人。小趋势层出不穷，不用担心错

过了就没有了，机会总是在的，做好准备、伺机而动、保持耐心、与时间做朋友。

在焦虑的人中，最焦虑的恐怕是以"中产阶级"人群为主的"80后""90后"。

2018年，顶级轿车品牌奥迪全年销量的54%是"80后"贡献的。在2017年年底的电商年货节中，"80后""90后"成为线上囤年货的主力军，其消费金额占比接近80%。在线下购物场所中，任何一个服装、餐饮、文化品牌，如果与这些年轻人无关，几乎意味着死亡。

这里展现的是中产阶级的消费能力，虽说其消费能力不可与富豪相比，但这一群体的人数在2018年已达千万到亿的级别，不容小觑。虽然大众对这一群体的定义并不统一，但不可否认的是，这个群体是纳税的主力军，也是猎头猎取的主要目标，随着这一群体逐年壮大，为他们提供各类服务的服务方式也发生了变化。

紧随2017年科锐国际上市，2018年，人力资源互联网平台猎聘也在中国香港上市了。此时的猎聘，已经完成从BHC模式到闭环交易模式，再到AI大数据的三次业务跨越。

在常规业务稳健发展的同时，猎聘的掌门人戴科彬把公司的发展战略重心转移到了招聘与科技的连接上，对AI领域进行了持续的、长期的投资。一年后的6月，猎聘在校园推介会上对外发布其AI智能识别面试系统"魔镜"——这两年，正是AI的第一波风口期。

在腾讯之后，数以千计和AI有关的创业公司涌现，人才缺口被快速放大。

此时，很多公司不一定知道该如何评估 AI 的实际业务价值，但觉得自家应该具备 AI 技术，小步快跑地想参加 AI 人才军备竞赛，犹恐被新时代落下。具备深度学习经验的硕士，工作 1 年可以拿到百万元年薪，而工作 3~5 年的博士，如果缺乏深度学习经验，只能继续拿 30 万~50 万元的年薪。是否具备深度学习经验，成了人才年薪的分水岭。

仅用了两年时间，市场便培育出了一批估值在十亿美元及以上的"独角兽"公司。尤为吸引资本市场眼光的当数志在变革汽车行业乃至整个运输行业的自动驾驶领域，例如小马智行、图森未来等，后者在 2021 年顺利成为自动驾驶全球第一股。

当然，更多的公司很快遭遇了第一个寒冬。很多公司对 AI 的预期过高、过急，AI 技术商业化（如 L4 级别的自动驾驶）落地难、资本市场不景气等因素，共同导致 AI 的进一步发展不甚理想。依赖融资供血的大批创业公司在踩了一脚油门后，纷纷暂停招聘，刚涌入 AI 细分领域的猎头发现，自己的出路唯有继续认真服务互联网大厂，在创业公司身上，很难再有这两年的辉煌战绩。

科锐国际在高速发展的过程中，从未停止过收购符合自身发展所需的团队，壮大自己的业务版图。可以发现，近几年，科锐国际在布局上越来越关注技术领域，着力打造的 HR SaaS 平台涵盖招聘、入职、考勤、薪税、福利管理等诸多模块。

随着时间推移，我们打开国内各大规模化人力资源公司（从猎头业务起家，转而布局各块人力资源业务的公司）的官网时，会觉得各家的界面多少有些类似。换言之，从业务板块的分布来看，各家的布局是趋同的。这一点，和其他行业头部公司的趋同化发展是类似的。

2008年，全球市值最高的十大公司分别是埃克森美孚、通用电气、微软、中国工商银行、花旗集团、AT&T、荷兰皇家壳牌、美国银行、中石油和中国移动。十年后的2018年，榜单已截然不同，十大公司变成了苹果、微软、亚马逊、Alphabet（谷歌母公司）、伯克希尔·哈撒韦、脸书、美国强生、腾讯、埃克森美孚和阿里巴巴。

在全球商业界，7位爱穿牛仔裤的高科技企业家取代了传统的能源大亨和银行家，世界真的变了。

在2008年讲国民经济的基础设施，是电力、银行、能源、通信等，在2018年，则必须提及社交平台、电子商务平台、移动支付平台、新物流平台及新媒体平台。

2018年，据我国施行《中华人民共和国反垄断法》已过去整整十年。曾经，我们总觉得这是一部用来制裁外国跨国集团的法律，如今，坐上巨头宝座的也有我们了。我们在别人眼里不再是弱者了。

新兴高科技产业的发展现状，决定了未来十年市场的发展方向和发展速度，人工智能、生物基因、新材料、新能源等领域，此时涌入大量民营公司，"技术改变生活"已然不再是一句激励人心的口号，而是现实。只是这现实还不尽如人意，无数人蜂拥进入互联网高科技领域，以各种新概念"洗脑"普通人、吸引投资人，先烧钱抢占市场，再烧钱扩大市场的做法依旧是主流，至于是否真的有技术创新和产品创新，有时会被抛在脑后。

国内创业者主要依托的不是科技，而是资本，因此，新一代创业者都想把公司做成"独角兽"。不过，有一部分创业者，将公司做成"独角兽"的目的是希望未来有一天，公司能被腾讯、阿里巴巴、百度、字节跳动这些巨头收编——这些巨头的触角早已伸向我们生活的方方面面，手段就是买、买、买。当然，打造"独角兽"公司，并不仅局限在互联网行业，越来越多的中国公司成为全球同行业中的规模冠军，这些规模冠军的前面不再有领跑者了，创新的不可知性成为新的挑战。

在猎头行业，100～300人规模的猎企大多在各自寻找着下一阶段的发展方向，以及新的增长点。上海纬特施（WITS）的姚京继前两年把服务汽车行业的版图从零配件领域扩展到整车领域后，在2018年开始布局医药行业和互联网行业了。伯周咨询的潘虎意识到，早些年服务创业型互联网公司的发展方向必须转变到服务大厂上来，利用人员规模优势将大厂的职位交付率提上去。两年后，大家会发现他的决策是非常正确的。

2018年，很多公众号小编以万科大会的"活下去"主题为选题写了文章，万科方面没有给予官方回应，但这一大会主题得到了业内人士的证实。万科不至于活不下去，作为地产行业的"黄埔军校"，这家在过去几十年间非常成功的公司比大多数公司更具有危机意识。从2018年下半年开始，一些专注服务地产行业的猎企和猎头团队开始觉察到地产行业冬天的来临。

为了缓解资金压力，一些地产集团对猎头这类供应商的付款能拖则拖，不少小微猎企苦不堪言。

和其他行业一样，头部公司的日子总是相对好过一些。说到这里，不得不提铜雀咨询。创办铜雀咨询后，曹平还和另外两个合伙人一起创办了一家专门用于投资的公司，拥有私募牌照。铜雀咨询的定位不是一家做招聘服务的公司，而是服务地产行业的全方位咨询公司，猎头业务仅仅是入口，是闭环中的一环，因此，相对来说，铜雀咨询的抗击风险能力比它的纯猎头业务同行要高。

再说说金融行业。金融行业始终是国家严格监管的特许经营行业，互联网仅仅是提高效率的工具，不是颠覆行业本质的神器。万事万物，一旦违背了事物发展规律，就会被迅速纠正，回归事物本质。随着蚂蚁金服上市无限期推后，国家对很多乱象频出的民营金融机构和互联网金融机构进行了整顿，金融行业逐渐回归正轨。

从2009年开始帮助中资和券商进入中国香港发展的上海贤驰，此时在帮助外资银行在内地组建团队、帮助在海外工作多年的华人高管与中层寻找回内地工作的机会、帮助本土的投行及证券精英加入外资机构。之所以会有如此局面，是因为2018年中美贸易战打响后，在金融方面，央行提出了进一步扩大金融业开放的多项措施，如取消银行和金融资产管理公司的外资持股比例限制，将证券公司、基金管理公司、期货公司、人身险公司的外资持股比例上限放宽至51%。

中国金融对外开放的政策让一些国际投行开始积极申请境内的证券牌照，以摩根大通、野村证券、瑞信、瑞银、高盛、大河证券等为代表的外资机构纷纷申请和发展境内业务，拿到了全资控股或51%的控股权后，它们以招聘核心高管（CEO、首席合规官、首席风控官等）为起点，着手招聘不同业务条线的负责人和团队，比如投行、证券经纪、研究所、自营交易部门的负责人和团队。

外资投行在中国设立证券公司时，人员组织以内部调派高管和外部招聘为主，一些国际投行会优先在内部选拔合适的人员担任中国境内证券公司的高管，以保证整个公司的文化、规章制度、业务流程和做事方式与总部接轨，另一批外资券商，特别是日资券商，更多地选择在本土招聘CEO，组建相对来说更本土化的团队。这样的双向人才流动不仅发生在金融行业，也发生在其他行业，这些高端人才的流动背后，都有猎头的身影。

最后一次主持召开伯乐的例行管理层会议时，庄华说明了自己未来的去向。没有鼓动，没有邀请，在一年多的时间里，有50余人陆续自发地加入了他创办的上海德筑（CGL）。即便是这些人，恐怕也想不到，上海德筑（CGL）仅用了一年的时间，就成了市场上备受关注的、冉冉升起的新星。上海德筑（CGL）第一年的营收接近一亿元，引发业内震动，其"100个合伙人"的战略，超出了同行们的想象。

如果说先驱者主要考虑的是如何保持住自己的优势并将其扩大，后来者大多在考虑如何找到自己的优势并加以发挥，努力实现反超。旁观行业内风云公司及人物的发展时，人们难免会反思自己的发展选择，这两年变化的日益加快，让普通从业者意识到，猎头行业的入门门槛在提高，创业门槛也在提高，这些变化，看起来很慢、很小，但有些平静，其实只是水面上的平静。

2019 年，资本的力量

2019 年延续了 2018 年的不确定，人们对未来的经济走势是否能够持续上行、对未来的生活是否能够更加美好，都开始有些不确定。其实，对于经济走势，年年有人唱空，也年年有人唱好。

唱空的人说，汽车行业连续增长了 28 年，在 2019 年下滑了约 10%，有类似遭遇的行业还有很多，家电行业、服装行业、广告行业等；唱好的人则说，2019 年，天猫双十一成交额高达 2684 亿元，同比增长 25.7%。

要看中国经济的未来，得看中国经济的基本面。任何行业中都有发展得好的公司和撑不下去的公司，同一家公司在不同区域，日子也可能过得冰火两重天。

就如两个同样服务某一行业的猎头顾问，他们对行情的评价很可能大相径庭，甚至于让人觉得他们说的不是同一个行业在同一年中的情况。将这类感受放大到公司身上，也是一样的。

2019 年，万宝盛华大中华有限公司在中国香港上市，无疑给心中有上市梦的猎企老板们带去了更多的信心。如果说别人是更有信心了，那么马士发则是用实际行动证实这信心不是空穴来风——他一手创办的嘉驰国际在同年 6 月 12 日对外宣布，获得了中金资本近亿元的 A+ 轮融资。

在嘉驰国际的自我介绍部分，有这样一段话："嘉驰国际创立于 2005 年，经过 14 年的发展，规模达 1000 余人，服务领域涵盖高端人才寻访、RPO、灵活用工、人事外包、薪资福利、咨询培训、HR SaaS 等板块。"

一年后的 8 月，嘉驰国际宣布并购 Lloyd Morgan 中国，这家猎企和 Michael Page（米高蒲志）、Robert Walters 一样，主要采用 PS 模式开展业务。国内采用 PS 业务模式的猎企虽属小众，但普遍顾问单产高。可以说，嘉驰国际的上市，让更多人觉得它开始"像那么回事"了。

这一年，进入广大猎头眼中的猎企有两家。

其中一家是原展动力副总何高军辞职后于 4 月 12 日创办的信泊尔人力资源（上海）有限公司（英文名为 Simple，以下简称信泊尔）。新成立的信泊尔迅速被业内知晓，原因在于展动力的官方公众号于 2019 年 5 月 5 日发表了一篇《展动力公告及严正申明》，信泊尔的官方公众号则于次日发表了《公开声明》，两文的阅读量均在 3 万以上，一场因辞职引发的恩怨就这样猝不及防地展现在了人们面前。

其中虚实只有当事人知晓，这两篇文章却反映了业内普遍存在的一些现象。对于这些现象的看法，往往是仁者见仁，智者见智。比如，如何评定辞职员工有没有带走客户、辞职员工到底能不能带走客户、因辞职员工离开而跟随离开的员工达到多少数量时辞职可以被认为是恶意行为等，以及这些行为要不要受到道德的谴责，需不需要负法律责任。

此事发展到后来，原本火药味十足的两家都选择了高举轻放、息事宁人。从务实的角度看，无论哪家，当务之急都在于稳定军心、干好业务。

如果有时空穿梭机，何高军或许不会选择于 2019 年创业，因为公司成立不久就遭遇了舆论风波，紧接着，中美贸易战开打，再之后，进入疫情年。创业的资本很快就用完了，面对危机，核心管理层选择自己不拿薪水，还自掏腰包垫付员工们的工资，中层管理人员被降了一半的薪水，进行了小规模裁员后，信泊尔终于支撑到了2021年，等来了转机。想来，在2022年得知英迈寰球解散的消息时，何高军心中应该是比旁人多几分思索的。

另外一家受到业内关注的猎企是上海德筑（CGL），这家正式运营于2018年的公司，2020年1月6日在自己的官方公众号"CGLConsulting"中发表了一篇名为《创业第二年，实现两个亿的业绩，CGL做对了哪些事？》的文章，透露了一组令业内惊叹的数据——营收1.9亿元、到账1.55亿元、客单价16.3万元。

一些人听闻消息后，本能地怀疑数字不实。毕竟，之前业内的亿元猎企成员中，没有哪家是在如此短的时间内达标的，绝大多数猎企的营收卡在一千万元以内。

上海德筑（CGL）的成绩单确实让人感觉难以置信，但如果仔细算一算它的顾问人数及合伙人人数，再了解一下众多合伙人的背景，这一系列数字就变得基本可信了。

其实，上海德筑（CGL）取得如此成绩，大概率是因为做到了一件之前其他猎企没有做到的事——快速把多支能打、能战的团队集结在一起，不让它们"百团内战"，而让它们"一致对外"。之所以能做到这一点，除了依托庄华在业内二十余年积攒的人脉、信用和个人魅力外，还有很多因素的叠加，其中一点是资本的助力。

上海德筑（CGL）是有猎聘投资的猎企，非常擅长做精准营销，常举办各类针对公司老板及高管的线下活动，嘉宾有今日资本的徐新这样的投资界大佬，也有冯唐等粉丝众多的商业作家。换言之，在同行们苦苦寻找各公司招聘经理的联系方式时，上海德筑（CGL）的顾问们已经被各公司的投资人转介绍给公司的创始人了。

这一年，汽车行业再次活跃。在新能源汽车领域，中国比亚迪和日本丰田将在中国成立合资的纯电动车研发公司。有意思的是，在这个合作中，丰田看中的是比亚迪的研发能力，而比亚迪看中的是丰田的品质和安全能力。与此同时，全世界瞩目的电动车公司特斯拉设在上海的工厂正式投产，这是上海有史以来最大的外资制造业项目。

2018年以后，汽车行业进入调整期，和上海纬特施（WITS）一样以汽车行业起步并将其作为公司主力服务行业的猎企，大多在陆续尝试进入医药行业、芯片行业、互联网行业等行业。想将规模做大的猎企大多会选择不断拓展新的行业赛道，哪怕之前的赛道依旧前景广阔。

2019年上半年的数据显示，全年，中国社会消费品零售总额极有可能超过40万亿元，如图4-1所示。年轻品牌在崛起，为老年人服务的品牌也在井喷式发展；下沉市场越来越好，高端市场也一路高歌猛进。

图4-1 中美社会消费品零售总额对比

这一年，很多猎企都迎来了一些对自身来说有着重要意义的变化。

深圳的顶才猎头迎来了姚文生全面领导的新时期，和他一起创业的两位同行者已经先后退出了，只有他还在坚守。

经历了 2015 年北京团队大出走、2017 年营收跌到 3500 万元的科锐福克斯，在 2018 年施行了为期一年的战略转型，创始人李炯明在 2019 年的年中会议上给管理层提出了用 5 年时间达到年营收两亿元的目标。

FMC 的陈勇提出"群岛"模式的概念后，自 2019 年第四季度起，半年内，FMC 在武汉、成都、广州、深圳、沈阳、苏州、青岛组建了 7 个新的猎头团队。

……

2019 年，猎头行业的从业者发现，同行转行去做保险业务的多了。罗振宇在这一年的跨年演讲中提到了这个现象，并称："转干保险的基本上就两种情况：要么走投无路，要么身怀绝技。"

想身怀绝技的猎头人在这一年等来了一本讲猎头业务技能实操的书，叫《百万猎头从入门到精通》（如图 4-2 所示）。该书于 2019 年 3 月出版，首印 4000 册，很快重印，到 2022 年 10 月，销量近 2.4 万册。就单一品类来说，已属于畅销书。在将近 30 年的中国猎头行业发展史上，不是没有人写过猎头题材的书，但是，首次有人写猎头业务实操方面的书，受到了广泛的关注和好评。这本书的畅销，与国内猎头从业者已有大约 30 万人、业外对猎头行业的关注度持续升温，以及猎企和猎头顾问们迫切希望提升自身的业务水平有着密切的关系。

图 4-2　2019 年，《百万猎头从入门到精通》出版

2020 年，冰火两重天

2020 年的打开方式出乎所有人的意料，也是所有人都不乐意见到的。一场突如其来的新冠肺炎疫情暴发，我国武汉被迫全城管控了 76 天；篮球明星科比不幸遭遇空难，一代巨星陨落的新闻让他的球迷觉得这个漫长的春节假期着实有些难熬；澳大利亚燃起了史无前例的大火；东非出现了近 20 年来最严重的蝗虫灾害……陆陆续续的天灾人祸，导致互联网上出现了不少以"庚子年是灾年"为主题的文章。

疫情自暴发起，时轻时重地持续至今。疫情之下，租客希望房东减免房租，而房东需要用房租去付贷款；面临毕业的学生发现工作更难找了，甚至没办法参加面试，而对于公司来说，运营状况不好，很多岗位都停止招聘了；大人在家办公，孩子在家上网课，等待疫情好转，可是等着等着，有些大人发现自己失业了，有些孩子发现培训机构关门了……

疫情对全球经济的打击，把经济本就处于下行周期的真相进一步揭开。而更多人感慨的是，在此期间，美国对华为进行了第二次、第三次制裁。

2019年5月，华为遭受了第一次制裁。当时，高通公司（Qualcomm）不再为华为供货，但华为有自己的麒麟芯片，挺过来了。2020年5月，第二次制裁开始了，台积电等使用美国技术和设备的公司宣布不再为华为代工，而华为的麒麟芯片只能依靠台积电代工生产，这一次，华为使用麒麟芯片这条路被堵住。2020年8月，第三次制裁来了，美国把华为在全球21个国家的38家子公司列入"实体清单"，切断了华为的所有退路，导致华为已经谈好的上亿订单告吹。

在华为因被"围剿"而饱受关注的日子里，猎头也在奔走，因为华为危机的本质是芯片技术危机，芯片行业，终于进入了大众的视野。

如果把只服务芯片行业视为"专注芯片领域"的话，那么，国内专注芯片领域的猎企相较于专注其他领域的猎企少之又少。被业内视为前辈级公司的上海凯轶人才服务有限公司（又称KT咨询）是2007年成立的，后来广为人知的摩尔精英、脉图是2015年成立的，摩尔精英的猎头业务很强，但这只是其业务板块中很小的一块，它还提供芯片设计和供应链服务。

早些年，专注芯片领域的猎头及猎企较少，既有芯片领域窄、理解职位难度大、职位门槛高的原因，也有芯片行业过往多年的薪资、福利、待遇均处于中等水平的原因。

2017年之前，晶圆制造、封装等环节主要依靠生产型公司，这些劳动密集型公司基本没有中高端人才招聘的猎头服务需求。

有中高端人才招聘猎头服务需求的公司主要是外资芯片设计公司，2017年以前，国内芯片设计公司的人员规模均较小，有200人左右就已经算是大规模公司了。后来，遭遇了国外技术封锁，为了面对2019年起升级的中美贸易战，国家推动、互联网巨头入局，让关注芯片领域的人越来越多，国内芯片设计公司的数量和规模均发生了巨大的变化，直接导致芯片行业的薪资、福利、待遇水涨船高，尤其是技术类人才的薪资、福利、待遇。

因为技术类人才长期处于供给不足的状态，在需求上涨迅速、供不应求的情况下，一个工程师拿到七八个Offer（录用通知书）并不罕见。一时间，芯片行业的火热引得各大猎企都开始在芯片行业投放资源——没有服务芯片行业的团队，立刻组建相关团队；有服务过芯片行业的顾问，资历浅的，让其专注服务芯片行业，资历深的，让其直接带团队。仿佛一夜之间，大家都开始重视芯片行业了。

脉图的合伙人何鑫曾说，服务芯片行业需要极深的知识积淀、人才积累，这些都非一日之功。

其实，贸然进入一个全新的领域，无论是成立做芯片的公司，还是成为服务这些芯片公司的猎头,恐怕连鸡毛都捡不到。何鑫于2008年成为服务芯片行业的猎头,2011年创业,创办上海擎瑞企业管理咨询有限公司,后来,为了在芯片猎头领域做大做强,他在2015年决定将公司和脉图合并,一路走来,深知这条路的艰辛与坎坷。因为何鑫对国内芯片行业的发展充满信心,又有着敏锐的嗅觉与良好的预判能力,早在2014年,他就开始加大对国内芯片行业客户的关注与拓展,别家进场时,他的团队早已耕耘多时了。

思维惯性总是让猎头们在进入新的领域时,寻找头部公司作为自己拓展业务的目标公司。殊不知,不是所有行业、所有领域,都是头部公司有最多、最优质的职位需求的。很多公司对中高端人才的大量需求产生在初创期,即从0到1搭建公司体系的时期,这期间,构建人才队伍的需求是最紧迫的,也是最旺盛的,一旦公司的发展上了轨道,核心人才稳定了,对外部招聘的需求,尤其是对猎头服务的需求会大大缩减,这在芯片行业尤为明显。

只不过,老兵懂行业,新手不懂。比如阿里集团投资的平头哥半导体有限公司,外界以为是一家新公司,其实是一家已经在业内耕耘多年、被阿里集团收购后改名的公司。有了名气,有了资本,招聘就变成了一件容易的事。不过,这个"容易"并不是对猎头而言的,不然,所有服务知名公司的猎头都应该改口号为"服务头部,搞定Offer so easy"了。对于冲着名气撞上来的数不胜数的猎企,这些低调多年的公司,怎么可能不知道谁才是专注自己行业多年的"真美猴王"呢?

新冠肺炎疫情的突然暴发让全球的餐饮行业、旅游行业、娱乐行业等行业陷入了漫长的停摆期，服务这些行业的猎头顾问随之度过了非常难熬的上半年，一些团队被迫解散，一些顾问被迫转行，但也有一些团队、顾问仍然在坚持。

转型做猎头两年多的 Charles 在决心自主创业的第二年遭遇了疫情，本来仅靠服务高端旅游客户，他个人就能有百万业绩，结果疫情来临，颗粒无收，他不得不立即调整方向，拓展其他行业的客户。好在调整方向后的情况好于他的预期，他在金融行业、医药行业和制造行业都有所斩获，3 个人小团队的业绩比第一年的业绩增长了 30%。

这一年，行业的冰火两重天特别明显。火的是芯片行业和医药行业，以及很多人没想到的金融行业；冰的自然是零售行业、旅游行业、地产行业。

这几年冒出来的医药猎企、猎头团队基本分成两大阵营，一类做研发类职能岗，一类做营销类职能岗。比如，奥火、仲望咨询、Atomic 和仕联，做研发类岗位居多，而 Partner One、VIP-Hunter，做营销类岗位居多。2017 年才成立的奥火，如今已经在业内小有名气，被贴上了"研发大单""人均高产"的标签，其创始人李艳从仲望咨询的医药团队离开后，走得很稳。像李艳这样担任过团队管理角色的老猎，这几年创业的特别多，人们提起他们，大多会先提起他们从前就职的公司。顾问们评估创业者实力的时候，会不由自主地看一看他们出自哪里，这和互联网大厂出身的创业者及团队更容易拿到风险投资并无二致。至于在医药行业内最为知名的猎企道翔，经过了十年的发展后，2015—2020 年，在前 CEO 商未弘的带领下，已经是医药行业猎头的领头羊了，单一行业年营收已迈过 5000 万元大关。

由于账期影响，以及第一季度本就是行业淡季，2020 年 1~3 月份，前文提到的猎企大多平稳度过，一些同去年相比营收持平，还有一些略有增长。真正的低谷在 4~5 月份，但好在后续也陆续回升了。总体而言，在多个行业布局的、有一定人员规模的猎企，受影响程度不大。

当然，在大部分猎企平稳度过危机的同时，有的猎企黯然退场了，也有的猎企高歌猛进。2020 年 5 月 28 日，一张图片在各个猎头群里流传开来，打破了夏日的宁静。图片中的内容是泰来创始人纪云写的内部邮件，通知全体员工，公司于 5 月 25 日歇业。国内第一家本土猎企在努力了 27 年之后，宣布努力不动了，一时之间唏嘘声不止，多家媒体报道了这一消息。

有人指出，泰来的骨干已经于早些时候出去创业、另起炉灶了，泰来的创始人纪云本人则表示，由于物业对租金一事蛮横无理，也由于他对国内猎头行业"顾问像电话销售"这一现象深感无力，他终于决心去追求自己的艺术人生了。

得知泰来歇业的消息，北京腾驹达管理顾问有限公司的老板景素奇专门写了一篇名为《有感于中国第一家猎头泰来歇业于疫情期》的文章，发表在自家公司的官方公众号上。FMC 的陈勇在自己新开的公众号上发表了一篇老文，在这篇名为《上不了市，也卖不掉，你的公司结局会如何？》的公众号文章的开头，也提到了这个新闻。相信对此消息撰文的、在内部发表讲话的、进行讨论的猎企老板不在少数，但大家的焦点还是在于如何让自己活下去，活得更好。

2020年11月上旬，4年前一度风光无限的英迈寰球进入了清算环节。与入场时的轰轰烈烈不同，这个消息流传得格外低调，得知消息的人往往会反复找其他业内人确认。可以说，这个消息对于不那么熟悉英迈寰球的情况的人来说是有些意外的，毕竟多数人对英迈寰球的印象还停留在它不差钱的那段日子，最多觉得这两年，听到的关于它的声音少了一些。甚至去搜索英迈寰球的新近消息时，很多人发现，就在2019年7月10日，英迈寰球还通过融资获得了小风暴资本千万级战略投资，当然，也有传闻说它其实并没有拿到钱。具体情况如何，我们不得而知，因为就在清算消息放出后，在李珉身边共事的、曾共事的人大多没有能再和他联系上，而曾经在英迈寰球任职的人也大多选择了保持沉默，甚至选择隐去这段经历。

在此之前，曾在英迈寰球任职的、早些时候离开的员工中，不乏有人频频感叹："李珉是个好老板，重义气、讲感情。"但是否正是由于创始人身上的这种特质和经商所需要的理性不相容，才导致了最终的结局？我们不得而知，原因应该是错综复杂的。

其实，第一次拿到风险投资就能把钱花对地方的人是极少的。当年猎上网拿到风险投资之后，为了迅速扩大知名度，把很多钱砸向了广告，后来才发现这么做的意义不大。当然，造就一家公司的成功或失败，背后的原因是多样的，只有一点可以肯定——哪怕你走对了九步，只要走错一步，公司的结局不是直接出局，就是慢慢偏离唾手可得的成功，要回归正轨，代价往往不小。

前两年动静颇多的嘉驰国际从这一年开始低调了很多。如果说前两年马士发是忙着招兵买马、大兴土木、轰轰烈烈地拉团队入伙搞共建，那么从这一年起，他开始进行内部整合了。

谁都知道，打江山容易，守江山难。不同的团队加入后，会带来不同的文化、不同的业务操作习惯，让各路人马同心同德地为共同的目标奋斗，绝非易事。对任何公司来说，这都需要创始人及核心团队一起从公司文化到运营管理机制、从IT系统到整个体系搭建进行优化，需要提出很多改革措施，偶尔也会相互矛盾。此外，创始人会遭遇来自组织内部的各种阻力，以及由此引发的方方面面的问题，这些都让人不得不如履薄冰、战战兢兢。

能不能完成整合、优化，决定了团伙能不能成为团队、公司能不能上市、上市后能不能继续发展下去……这些问题，是每一个采用或阶段性采用过加盟连锁模式的猎企所必然需要面对和解决的。

2020年11月，蛋壳长租公寓暴雷，让很多租客带着愤怒、慌乱的心情走进了2021年。近几年，随着国家对金融市场的放开，资本得以涌入各行业，带来了生机，也带来了问题。

对于专注服务金融行业的猎头来说，这意味着更多的风险与挑战。其实，真正的风险和挑战在于无论是银行、保险、集合资产管理，还是证券，在国内的发展都已经进入了充分竞争的时期，外资金融机构不再是令人向往的跳槽选择了，一些一直服务外资金融机构的猎头不是转行了，就是转战互联网行业或医疗行业了。2017—2022年，金融行业的猎头从业者在变少，但为数不多的专业选手（至少服务金融行业10年以上）在金融行业的猎头市场上更活跃了，因为这个行业的猎头服务竞争已经率先进入了比拼专业度和推荐速度的新时期，只有真正的强者，才能"剩者为王"。未来，金融行业的猎头服务竞争趋势会在其他行业上演，这是必然趋势。

这几年，在内部组建专注服务单一行业的团队的猎企越来越多，年轻的创业者也越来越多，这使得不少人以为综合性猎企的营收之所以大，靠的不过是有规模优势，能够在多个行业、多地办公。这种看法既对，也不对，因为很少有猎企的业务能够做到完全均衡地发展，知名猎企大多有自己特别强的细分领域，和服务细分行业的细分团队，比如科锐国际的医药团队、对点咨询的金融团队、展动力的地产团队。

同样是在2020年11月，年轻的四川小伙丁真因抖音里的一段视频突然走红网络。一个有丁真参与拍摄的当地旅游宣传片一下子吸引了大众的目光，让众人注意到因受疫情影响而萎靡不振的2020年旅游业。各地的旅游官方微博号迅速跟进，希望借着这股东风，拉动一下当地的旅游业。

这次素人走红也让国家的扶贫攻坚工作进入了大众的视野——全国832个贫困县在2020年11月"清零"。为了搞活这些地方的经济，扶贫干部们可谓绞尽脑汁，近两年，借助互联网的力量，进行电商直播带货是一个不错的方法。

做贫困县的直播带货，依托的不仅是当地政府的力量，还有几家互联网巨头的平台力量，为这些互联网巨头的电商业务快速输送各类人才，自然成了互联网猎头们当仁不让的职责。值得一提的是，有一家猎企名为杭州黑云杉企业管理咨询有限公司（英文缩写为CBS），成立于2019年，它的互联网客户一开始就遍及杭州，随后更是辐射到了浙江等全国各省市，虽然它的电商客户占比在随自身业务规模的扩大而降低，但在 2020 年也有 20.3% 的超高占比。长期合作的客户从抖音电商、小红书、网易严选等电商平台，发展到阿里巴巴、京东、拼多多等大电商平台，这是杭州黑云杉企业管理咨询有限公司的发展趋势，也是这几年互联网猎头的服务发展趋势。

在电商行业，出现过多种玩法。从比较早的电商导购，到 O2O、跨境电商、垂直电商、会员电商、社群电商，再到社区电商，多种玩法有一个不变的特征，即都针对 C 端用户，都在以更有吸引力的拉新价格与从杭州走出的阿里巴巴抢用户。身处其中的猎头，能感受到的业务变化规律便是互联网公司的生意来得快，去得也快。

互联网公司发展很快，倒闭也很快，只有在交付过程中有足够市场敏锐度的猎头及猎头团队，才能从人选身上感知市场的变化、感知他们所处公司的变化，早于人选一步，进行正确的前瞻性判断，从而迅速地调整业务方向，抓住新的业务机会。

2020 年初，《高级人才寻访服务规范》正式实施，这是中国人力资源服务行业首个国家标准。百度词条里罗列了这一文件的起草单位，分别为全国人才流动中心、中国人才交流协会、展动力人才咨询（深圳）有限公司、北京科锐国际人力资源股份有限公司、上海厂长经理人才有限公司、上海人才服务行业协会、北京腾驹达管理顾问有限公司、深圳顶才猎头有限公司、万仕道（北京）管理咨询股份有限公司（猎聘网）。这既说明国家逐步加大了对野蛮生长多年的人力资源服务行业监管的力度，也说明国家层面意识到了人力资源行业的巨大市场潜力。

2020年，中国在加紧布局同各地区的经贸合作，12月30日晚，历经7年35轮谈判，中欧投资协定谈判终于宣告完成，这是一个重磅好消息，标志着我国启动了"资本换技术"新战略，这不仅会带动国内金融、医疗、汽车等产业的升级，也将对国内猎头行业提出更高的要求、为国内猎头行业带来更多的机遇。

2021年，新的风口

2021年，"3·15"晚会点名批评猎聘、智联招聘等人力资源平台存在泄露用户个人隐私的情况，随后，这些平台接受了政府相关部门的约谈，发布了实施改进措施的公告，一致将所提供的人才联系方式改为云电话。从此以后，无论是甲方公司还是猎头顾问，下载的简历中都只包含虚拟电话，没有人才的真实联系方式了。这一加强隐私保护的举措，意味着熟人社交、人脉关系网络的搭建与维护变得日益重要，中高端人才领域的人才联系方式获取变得更具挑战性，倒逼猎头顾问重拾传统的打电话、约见面方式，迫使猎企将目光从应届生培养上转移到职业经理人转型培养上。

"3·15"晚会对猎聘、智联招聘等人力资源平台运营漏洞的曝光，折射了政府对人力资源行业的关注。近几年，各地政府都非常重视"人才引进"，因为，各地政府开始意识到，即便通过参与出资、给予政策优惠，把公司吸引来了，若配套的人才没有跟上，发展也无从谈起。

所以，各地政府开始进行全方位地投入，为本地区的各类产业园、自贸区、高新区吸引人才。这自然会涉及与人力资源公司的合作，因为无论是高端人才的猎头业务，还是基础人才的外包招聘业务，都需要专业的第三方来实施。

2020年年底，广州南沙开发区人才发展局和光辉（上海）人才咨询有限公司、Michael Page（米高蒲志）、科锐国际、万宝盛华、广东方胜人力资源服务有限公司、上海仕卿、展动力、安拓国际8家猎企签署了战略合作协议。2021年3月19日，冰鉴人才产业云平台按照"政府引导、企业主体、市场化运作"的原则，在当地政府相关部门的大力支持下正式落地，这是刘汪洋在主导搭建"斯科系"猎头联盟后，从2019年起开始筹划的新平台。

可以说，近几年，政府和人力资源公司的合作越来越多了，猎企间接地参与到地方建设中去了。其实，早在2012年，科锐国际就和苏州工业园区进行了合作（如图4-3所示），也参与了武汉市政府的"千人计划"人才引进工程。如今，猎企为地方政府进行人才引进、替国有企业吸纳管理层人才的项目越来越多，相应地，服务领域从猎头业务往RPO、灵活用工方向拓展的猎企也越来越多。

图 4-3 科锐国际与苏州工业园区合作建立招聘流程外包基地

注：图片由科锐国际提供

如果说过去的猎企大多在专注服务进入中国的外资公司，那么，如今的猎企则更多地在服务本土公司。帮助更多本土公司走出国门，将是猎企下一阶段的使命。

各大猎企近两年普遍有一个显著变化，即更注重文化塑造、愿景规划了，日益重视提高中高层管理人员的管理意识和能力。展动力成立后，公司的核心价值观在 2008 年 1 月讨论确定了第一版，到 2021 年 5 月，已经升级至第三版。不少猎企开始在夏日炎炎的七八月份增开管理层大会，不再如过去那样，只在一年的年初、年末召开大会（展动力夏季管理层会议合照如图 4-4 所示）。

图 4-4 展动力事业合伙人

注：2021 年 7 月 18 日，展动力事业合伙人参加嘉兴管理层会议。图片由展动力提供

2021 年暑期，一个极大的好消息传来，我国运动健儿在东京奥运会上取得佳绩，获得了参加奥运会以来在海外参会的历史最好成绩——金牌榜第二。在奥运会中，各大项目是几家欢喜几家忧，在国内的各行各业中，也是如此。

2021 年 7 月，郑州大雨，据官方报道，此次特大洪涝灾害共造成 302 人死亡，50 人失踪，直接经济损失高达 1142.69 亿元。在各方支援中，有一家过去不那么知名的公司——鸿星尔克，刷爆了网络。

这家有负债的公司捐出了价值 5000 万元的物资，一下子击中了网友们柔软的内心，也把大家的视线拉回了快消品行业。网友们的热情，让鸿星尔克在爆火后不得不发出呼吁，请大家理性消费。

在快消品行业摸爬滚打、默默无闻多年的猎企不少，但因为毛利润低，快消品行业竞争激烈，李宁、鸿星尔克等公司都不怎么使用猎头服务，招聘员工几乎都通过自有渠道解决。

因此，与其他行业不同的是，除了与互联网业态挂钩的新零售、新消费公司或互联网巨头旗下的公司外，传统消费领域里，猎头的客户依旧是大小外资品牌，而这些外资品牌更青睐有外资背景的猎企或从外资猎企中出来的猎头顾问。

一方面，这些猎头顾问的英语水平相对更高，另一方面，这类外资猎企的工作流程体系更完善，很多合作从国外延续到国内，延续了很多年。大公司追求稳健发展，对供应商的审核较严苛，一旦合作，没有大的意外出现，通常会合作很多年。这也是为什么服务快消品行业的猎企通常比较稳健，很多小型猎企从成立至今，一直在服务快消品行业的原因。

随着近些年互联网行业、地产行业和新能源汽车行业的发展，国内资本市场进一步完善、民营经济蓬勃发展、国有企业深化改制，人才的求职意向也发生了很多变化。

最显著的一点便是欧美外资公司不再是各行业职场人求职的第一顺位选择了。即便在快消品行业，欧美外资公司依旧强势，猎企也越来越多地服务起了民族品牌和民营公司。随着近些年国力的强盛，越来越多的人，尤其是年轻人，日益推崇民族传统文化，民族自信心、自豪感与日俱增，消费理念也在悄然发生变化。

从看广告、选洋牌，到"种草"国货、买潮牌，这代年轻人不再唯洋至上，他们更注重性价比、个性化和与品牌的情感连接。

这一年，中国汽车市场重回正轨，迎来了正向增长，其中，电动车的快速发展尤为突出。电动车是新能源汽车的主流发展方向，这已经成了不争的事实。国有车企纷纷成立独立的电动车公司，引入社会资本，寻求跨行业合作，积极推动电动化转型。东风旗下的岚图汽车、上汽旗下的智己和飞凡、广汽的埃安、长安的阿维塔等，都是典型代表。与此同时，外资车企纷纷推出电动车品牌，积极转型电动化，内资车企在电动化和智能化方面积极投入，收到了来自市场的积极反馈，值得欣喜的是，大众对于内资品牌的接受程度普遍增强。

火热的电动车市场因此迎来了一批以智能化为突出竞争力的入局者。华为一边携手金康和北汽，一边和长安成立合资公司；百度和吉利成立合资公司集度；小米宣布进入智能汽车市场……智能手机操作系统厂商和芯片厂商在积极参与智能汽车的产业链，争取成为新的破局者，成为新时代的0.5级供应商。

随着国内汽车行业的发展，头部汽车猎头团队的年营收额从2010年的千万体量增加到2021年的五千万体量。随着汽车科技化的加强，传统汽车猎头团队的业务必然延伸到软件、芯片半导体、消费电子等领域，相信头部汽车猎头团队的年营收额将在不远的未来像服务互联网行业、医药行业的猎头团队一样，突破亿元大关。

2021年6月10日，滴滴正式提交了赴美上市的招股书；6月30日，滴滴正式在美股上市。滴滴本次上市，从正式递交招股书，到成功上市，只用了20天，是2021年赴美上市公司里最快的，堪称光速上市。

但紧接着，7月2日，滴滴被实施"网络安全审查"；7月4日，滴滴出行App下架；7月9日，滴滴旗下25款App集体下架。

7月10日，国家互联网信息办公室发布关于《网络安全审查办法（修订草案征求意见稿）》公开征求意见的通知，其中指出，掌握超过100万用户个人信息的运营者赴国外上市，必须向网络安全审查办公室申报网络安全审查；7月16日，国家互联网信息办公室等七部门进驻滴滴，开展网络安全审查。

究竟应该为怎样的公司推荐人才？是不是只要公司肯出钱就行？这个问题值得所有人力资源服务行业的从业者深思。

《中华人民共和国数据安全法》和《关键信息基础设施安全保护条例》于2021年9月1日起正式施行，《中华人民共和国个人信息保护法》紧随其后，于2021年11月1日起正式施行。国家对信息安全的管理越来越规范了，这不仅意味着各行业公司需要对自己经营的业务有更多的安全投入和自我约束，还意味着猎企在选择目标服务客户时需要更加谨慎。

在被困加拿大1028天后，华为CFO孟晚舟于2021年9月25日成功归国。孟晚舟在机场演讲的视频刷屏了大家的手机，人们在佩服她的个人品格、坚信国家力量越来越强大的同时，也不应该忘了那些服务华为等民族企业的供应商们。

在华为受制裁最严厉的时期，很多猎头在微信群里说不再挖华为的人才了。人们的朴素正义感未必能带来什么实际影响，甚至很多时候只是一种情绪的表达，但这些举动依旧是非常珍贵的。更珍贵的是那些一路陪伴民族企业成长的人们，服务华为的招聘供应商里，一直有科锐国际，如今，科锐国际旗下的才客品牌负责华为、腾讯等公司的海外招聘职位。

如果说地产行业和互联网行业是上一个风口行业的话，那么，芯片行业和医药行业是不少猎头人心中的下一个风口行业。

某天，在一个有着接近 300 人的地产猎头群里，有人发了一个小群的二维码，说公司要转型做医药行业的业务了，想学习的进群。群里一位资深的地产行业团队负责人私下对群主说，这个群里的很多人已经不做地产猎头了。此时，医药行业的人才，尤其是临床类人才，恐怕正在一边庆幸自己赶上了风口，一边觉得频繁联系自己的猎头有些恼人。市场上，临床医学经理这样的职位，年薪已从 2017 年的十多万元，变成了 2020 年的一百多万元（业内薪资的高位水平），这样的涨幅，连互联网行业中的人才都甘拜下风。之所以会出现这样的变化，得益于我国创新药研发进入了新的历史阶段。

我国创新药研发主要分四步走，如图 4-5 所示。

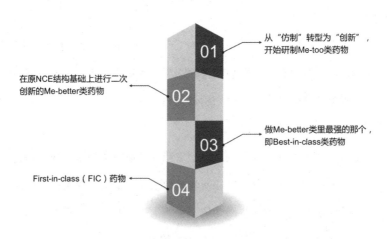

图 4-5　我国创新药研发的四个主要步骤

2021 年 11 月，国家药品监督管理局药品审评中心发布重要文件，即《以临床价值为导向的抗肿瘤药物临床研发指导原则》，该文件规定，新药研发应以为患者提供更优治疗选择为目标。中国的创新药时代才刚刚开始，创新药公司的人才需求过去主要集中在研发方向，现在迅速延展到市场销售、商业化生产等方向，医药行业的人才需求也有变化，过去集中于高素质的研发人才，现在向高素质的市场销售、战略人才延展。此时，医药猎头赛道，一贯专注医疗人才招聘的猎头团队、猎企的人员规模纷纷突破 300 人，新出现的人员规模为 50～100 人的专注医疗人才招聘的猎头团队、猎企数量也有很多。

领英中国于 2021 年 11 月发布公众号文章，宣布将关闭中文版平台的社交功能，将业务更聚焦在职场服务本身。同年 12 月，领英中国又通过公众号发布了新版 App，将领英中国改名为领英职场。

一边是各大拥有简历资源的平台纷纷悄无声息地自建猎头做单平台，另一边是想涌入热门行业的猎头发现他们获取简历资源的费用日益提高。毫无资源积累的猎头团队，想要在素来以专业知识多、入门门槛高著称的医药行业和芯片行业分一杯羹，实在是有点儿行难行之蜀道的意味。

至于那些积累多年的实力派猎头团队、猎企，面对如今这等火爆的市场，是否笑得合不拢嘴呢？也不尽然。相较于往年，大家的业绩确实是红红火火、高开高走，但因为芯片行业出现了难得的供小于求的市场，人才的薪资高到离谱，在一些技术岗位上，薪资翻倍地挖人依旧一人难求，在这种情况下，猎头对双方的影响力很难不被降低，具体表现在拒签 Offer（录取通知书）的比例很高。猎头顾问们的业绩似乎更多地依托于运气,而非实力了。在如此大好的形势下,一些老猎纷纷离开原有的平台,自创公司,而一些原本没有布局猎头业务的人力资源外包服务公司,也开始布局猎头业务了。

在 2021 年临近尾声的 12 月 20 日,某直播带货主播被爆出需要补交 11.34 亿元的税款,比之前明星偷税漏税案的金额有过之而无不及。一时间,有关直播带货竟然这么挣钱、贫富差距竟然这么大的议论和调侃充斥着网络。

2021 年,绝大多数猎企的营收都创了历史新高,但即便如此,排名最靠前的两家猎企的猎头业务营收总和才勉强抵得上这笔税款。相信对网络平台带货主播的规范化管理,尤其是税收监管工作,将成为接下去一段时间里国家税收工作的重点之一。

互联网既是一个行业,又是一个工具、一种生产方式,可以赋能其他行业。在互联网出现之前,各个行业有时存在上下游供应链关系,但很少存在一个行业影响另一个行业的生产方式的情况。

随着科技的发展,用互联网思维和技术做生意,让几乎每个行业都发生了或大或小的变化。比如,在移动互联网时代,我们的出行、支付、购物方式都发生了变化,目前,拼多多在下沉服务三农市场,不仅帮农民卖货,还帮农民用算法建模、更新生产和培育农作物的方式,这在以前是不敢想象的。

被很多人认为属于互联网范畴的 AI 技术也在迎接新一轮的快速增长,至少在电商直播领域、远程办公领域、芯片领域,以及自动驾驶领域,AI 技术的发展会为行业和生活带来进一步变革。随着技术不断发展,这一变革将产生长期的、深远的影响,这种影响不仅会加诸生产方式、生活方式,还会引起各国经贸往来格局的变化,甚至于政治经济格局的变化。

我们都知道,一个国家的未来在创新、科技和实业里,在能够创造千千万万个岗位的行业里,互联网应该是这些行业发展的加速器、基础设施的提供商、服务创新的先驱者。

从这个角度说,不少猎头转向单一行业、细分领域,不少猎企增开行业团队、职能方向,都是大势所趋,大家将一起在这些赛道的或长或短、或快或慢的向上发展周期里,继续开拓。

2022年,多重挑战

据国家统计局公布的数据,2021年,中国GDP同比增长8.1%。新冠肺炎疫情暴发以来,2020年、2021年,中国GDP的平均增速为5.1%。2022年,除制造业投资外,需求端对经济复苏的制约越发明显,需要货币、财政、产业政策多措并举,才能使经济稳定发展。

从国际局势看,全球经济的最大挑战仍然是新冠肺炎疫情,防疫政策差异会对边境开放造成压力;各国印钞后货币游向资本市场,全球资产价格会暴涨;全球债务上升和通货膨胀走势不明朗,将给全球经济复苏带来不确定性。

从国内局势看,保持经济稳定增长的困难较多,经济下行的压力不小。一方面,以往推动经济快速恢复的地产动能和出口动能,在如今国内经济结构调整和全球供应链产能陆续复苏的情况下有所放缓,而新基建、投资和消费难以对冲这一放缓趋势。另一方面，经济转型升级过程中遇到的结构性矛盾和体制障碍，需要通过进一步深化改革解决。

大宗商品价格上涨导致国内企业生产成本上升、利润下降，使得经济出现输入性通货膨胀。我国提出要在2035年前实现碳达峰、在2060年前实现碳中和，如何平衡双碳目标和经济发展的关系，也是未来数年要面对的挑战。

此外，居民消费的恢复将面临中长期挑战，这主要体现在两个方面，其一是偿债负担持续压制居民的消费能力；其二是未来可能同时出现稳就业压力上升和退休潮来临，拖累边际消费倾向。

至于我们可以把握的机会，大体有三个。

其一是数字化转型或将为全球经济复苏和转型发展带来新的契机。早在2020年4月，中国的央行数字货币就从理论走向试点运行，深圳、苏州、雄安、成都等城市都是运行试点。全球数字经济、数字贸易和跨境电商等新业态、新模式的广泛兴起，决定了拥有数字化能力会成为一种竞争优势。

其二是积极应对全球气候变化、加快绿色转型，将促进新能源产业发展。新能源汽车、生物能源，以及相关的配套原材料研发企业将会加快技术研发，扩大相应的产业链投资开发，一批具有"专业化""精细化""特色化""新颖化"特征的中小工业企业将通过"专精特新'小巨人'企业"认证政策，在得到国家认证的同时，更好地承担起有效连接产业链的"断点"、疏通"堵点"的重要使命。

其三是全球产业链重构加快将推动跨国企业全球投融资布局调整。

在这样的背景下，作为人才争夺战的幕后参与者，猎头行业在国内的发展将迎来有史以来最快的加速升级。这一方面是由国内的经济结构正在进行转型、产业经济正在进行升级决定的，转型和升级将带来巨大的人才流动和人才需求；另一方面是由全球的产业链布局、投融资布局变化决定的，变化将带来更多的中外人才全球再配置需求。

这些都会对国内猎头行业的从业者提出更高要求，使猎头行业内的竞争更加多层次，在多层次竞争中，有序将与无序并存。基于客户对猎头业务认知的差异化及自身需求的差异化，猎头行业内的竞争会圈层化，在圈层化竞争中，有序与无序同样并存。

高端市场上，客户对猎头业务的认知往往是清晰的，更追求质量，同时，会对顾问的专业化水平提出更高的要求，包括对海外职位的交付提出更多需求。提供相应服务的猎头组织和顾问个人，需要不断精进自己的咨询服务能力。在这个圈层内，竞争是相对有序的。

中低端市场上，客户对猎头业务的认知水平是参差不齐的，总体上更追求推荐人才的速度和数量，且对价格敏感。不少客户并不熟悉招聘市场的细分规则，往往希望猎头能够同时解决其想要外包的招聘需求和相关的人才信息调研需求。这一情况，造成水平参差不齐的猎头供应商们的竞争是相对无序的。这几年，猎头做单平台层出不穷，一方面，对小微猎企和个人在全国各地以低成本的方式加入猎头行业起到了促进作用，另一方面，也使得行业竞争在这一历史时期内更加无序。

这一现象在业外看来，就是国内猎头水平分化严重，专业的很专业，不专业的很不专业，服务质量和价格差异很大，由此，客户对猎头的定义和定位差异也很大。不得不说,这是所有行业发展过程中的必经之路。

由于猎头行业是相对轻资产的行业,原本专注蓝领人才招聘、人才外包服务等业务的人力资源供应商也纷纷入局,竞争的加剧会帮助一些真正有实力的优秀公司脱颖而出,但并不会导致行业的入行门槛变得更高,这是很多人所不理解的。其实,单就中国市场而言,市场空间广大,还有大量公司刚加入使用猎头服务的大军,对于低质量、低价格的服务,包容性非常强,这就好比虽然京东和淘宝已经发展多年,体量巨大,却依旧容得下拼多多的入局和增长。

总之,从局部看,竞争是有序的,但从全局看,竞争似乎是无序的。通俗地说,从局部看,部分高质量客户在倒逼猎头行业从业者提高专业化水平和服务质量,大家在集体往上走;从全局看,对行业未来的看好和对行业本质的认知不清,让更多专业化水平很低、服务质量很差的玩家在不断入局。

存量大,增量也大的人力资源服务市场让很多低质量的入局者能够在当下尝到甜头,因此,占据更大比例的人还没有意识到必须往上走。

就个体创业者、猎企经营者和猎头顾问的切身感受来说,大家都觉得在全球经济处于存量经济历史周期的现状下,国内猎头行业的发展门槛在变高,猎头团队、猎企想活着,不难,但活好、活大、活久,已经变得不太容易了。

这种感受是真实的,至少,猎企的获客成本和获才成本都变高了,前者指获取优质客户、拿到较为理想的合同、成为核心供应商的综合投入成本;后者指获取人才简历的成本和招募、培养并留住优秀猎头顾问的成本。

虽然猎企可以选择在二线城市、三线城市，甚至四线城市、五线城市开设分点，可以选择将应届毕业生作为顾问培养，但是人才获取的限制并不会因为这些举措而完全消失。这些举措是否有用，取决于是否能够优先考虑并解决人才获取的限制。单纯为了回避一线城市的租金和人力成本做出的选择，在猎头行业里，往往会被证明是错误的，因为猎头这门生意能否盘活、做大的根本性要素之一是是否拥有高质量的猎头顾问，至少在技术完全取代猎头顾问的人力劳动之前是这样的。

因此，局外人觉得好做的生意对已经入局的人来说并不好做，未来更是如此。无论猎头行业整体给人的观感如何，行业升级是必然趋势，猎企经营者的经营管理能力、猎头顾问的业务能力、猎企的组织和迭代能力……都会随着需求的不断升级而升级，随着需求的不断分层而分层。

2022年1月，以科技数据驱动的人力资源集团嘉驰国际宣布完成新一轮融资，融资额高达一亿元，由百联集团和资深行业人才共同发起的挚高资本领投，康橙投资等跟投。这是继上一轮中金资本领投后，嘉驰国际获得的又一笔重量级投资（嘉驰国际系统研发漫画版如图4-6所示）。同年6月，锐仕方达宣布完成亿元战略融资，由建信信托旗下基金领投，山东财金集团旗下基金跟投。从嘉驰国际、锐仕方达身上，我们可以看到资本市场对人力资源公司的回应。有数据显示，自2020年12月31日退市新规正式发布，2021年，共有23家公司退市，虽创历年新高，但相较于每年几百家公司上市来说，数量还是很低的。

图 4-6 嘉驰国际研发人力资源 X-SaaS 系统

注：嘉驰国际从 2018 年开始研发人力资源 X-SaaS 系统，为日后获得资本助力奠定了科技实力基础。图片由嘉驰国际提供

上市，对于公司而言是一个里程碑，但这并不意味着上市的公司就是成功的公司。

未来，国内猎头行业中会有更多上市公司、更多规模化集团，但这并不意味着我国的猎头水平可以与世界一流猎头水平比肩。前路漫漫，仍需要众人上下求索。

2022 年 2 月 15 日，元宵节，腾讯新闻 App 里的"每日人物"账号发表了一篇名为《猎头眼中的打工人：有人两年找不到工作，有人年薪百万被大厂疯抢》的文章，展现了服务不同行业的猎头人所看到的职场人现状，非常真实。如文中所言，服务新能源汽车行业的猎头，有的2021年在一家客户身上得到千万级产出，服务芯片行业的猎头更是大单不断，优秀的年轻顾问，转型服务芯片行业后，一年就有200万～300万元的业绩，芯片行业的应届生，年薪都已经30万元起步了，丝毫不逊色于在互联网大厂中工作的收入。与之相对应的，是地产行业裁员、降薪，互联网行业人才外溢增多，但好去处并没有增多等。

我国幅员辽阔，各地情况不同，折射到猎头行业就更为明显了。这种差异不仅是服务行业的差异、职位年薪的差异、服务模式的差异，更是不同猎企之间运营能力、管理能力和组织能力的差异，或者说，是差距。

在这些差距下，人才涌入猎头行业、加入不同猎企后，面临的问题是不同的，挑战的难度系数也是不同的。这是猎头行业发展到今天，大家有目共睹的。

将这些不同的挑战归结起来，解决方法只有一个，那就是让猎企具备更好的持续盈利能力，同时让猎头顾问也具备这种能力，并且让两者形成一个处于相对稳定状态下的良性共生关系。如何做到这一点，是每个猎头顾问都需要思考的问题，不然，他会加速离开这个行业，无论是以主动的形式，还是以被动的形式。

行业需要科技助力，而科技是依托于人的。

在实时有效的数据库被建立起来之前，在数据数量达到"大数据"规模之前，想利用静态数据（无法对用户行为进行动态追踪的孤立数据）进行精准分析，推演并运用到招聘及招聘以外的其他场景中，是不切实际的，而让猎企走数字化道路、提高招聘业务的交付效力、拓展业务的边界，是符合未来科技发展趋势的，也是值得努力的。

我们正处在百年未有之大变局中，面临诸多前所未有的挑战，但只要我们上下一心，一定能迎来中华民族伟大复兴！2022年，是中国猎头行业发展的第30个年头，在这样的时间节点，每一个猎头人都应深感肩上的使命之重大，致广大而尽精微。

2018—2022 年总结：
未来在哪，谁主沉浮？

2022年年初，谷露联合脉脉举办了一次线上评选，依据2021年谷露猎企业务数据，从规模、均产、大单等各个角度进行评选，选出明星猎企和明星顾问。在评选中，大家看到了很多知名的和暂时没有那么知名的猎企，其中，最耀眼的当属上海德筑（CGL）。

上海德筑（CGL）在几乎所有分类榜单上占据一席之地，无论是业绩最高的顾问榜单、顾问业绩超300万元人数最多的公司榜单，还是营收额最高的公司榜单，不是数一数二，就是名列前茅。2021年，它才迈过成立以来的第四个年头，就已经提前实现了自身第一个五年计划的目标，取得了营收接近5亿元的成绩。如此迅速的发展，在中国短短30年的猎头行业进程中是空前的。因此，业内对上海德筑（CGL）的好奇，从其诞生初期起到今天，可以说是只增不减。

在话题度方面可以和上海德筑（CGL）相媲美的只有两家猎企，一家是常被从业人员讨论的顾问规模逾4500人的锐仕方达，另一家是营收虽未过亿，但一直在业内保持高知名度的 FMC。至于最早上市的科锐国际及其他各大具有规模效应的猎企，是那种无论在不在机构类评选榜单上，都会被业内持续关注的。除此之外，顾问均产较高的猎企，比如 imatch、Partner One，更多地让业内顾问们看到了持续提高的专业度和领域专注的坚持。

那么，从 2022 年算起，未来 3 年、10 年、30 年，将由谁引领潮流呢？这样的问题很难精准预言答案。与其断言哪家猎企会引领潮流，不如分析哪个类型的猎企会引领潮流，现在有没有这样的猎企，以及未来会不会有这样的猎企。基于这些思考，笔者想陈述一下个人的浅见。

在宏观层面，面对如今的猎企（包括人力资源综合业务集团），可以从五个维度入手进行分析，分析后，我们可以发现，在一两个维度内做得不错的猎企，就已经能够在国内猎头市场上处于领先地位，跨入行业头部。

1. 从创新维度看

上海德筑（CGL）的创新并不是在猎头业务外开辟咨询业务，那些咨询业务是从有合作的投资机构所投的公司切入的，意图为客户提供从战略规划、组织运营到人才招募、人才发展的一站式服务，这样做的好处不仅是可以获取大量高职位订单，更是可以增加与客户的黏性。类似投资机构的投后服务一样，上海德筑（CGL）非常关注高端人才加入公司之后的"落地"服务。

科锐国际从筹备上市开始到上市后的几年里，投资了很多 HR SaaS 软件类公司、人力资源科技类公司，并创建了禾蛙平台。

FMC 提出"群岛"模式，帮助更多猎头创业者依托品牌的影响力以及 FMC 的中后台运营能力，更好地存活并发展自己的经营团队。

和 FMC 倾向于邀请外来的人加盟品牌并提供中后台支持的模式不同，青岛冰鉴人力资源有限公司希望由封闭搭建的传统组织慢慢转变成平台化的开放组织，即让自己培养的人才和外部人才都愿意在平台上进行多边交易。

可以说，无论是组织模式创新，还是业务方式创新，抑或是数字化创新，这些猎企都在用自己的方式进行创新，以期在 VUCA 时代中，更敏捷地适应变化、突破传统发展之路的发展边界。

当然，这些创新不足以颠覆整个猎头行业，乃至人力资源行业，只能说是组织在探索自身发展方向的过程中做了一些加法型增量，更让人期待的是真正的技术革命会给猎头行业带来怎样的影响。如果猎企能够实现大数据分析、数字化管控、流程化分工，那么，中低端职位的交付就有希望突破人力的限制。

2. 从技能维度看

无论是综合型猎企还是专注型猎企，只要在人员规模达到 50 人以上的同时，将顾问的均产水平保持在 50 万元以上，顾问的从业年限普遍大于 3 年，专业化程度和专业水平也普遍更高（此判断仅基于作者的经验，并没有明确的数据支撑，仅供参考）。

如果顾问的均产水平能够达到 80 万~100 万元，该猎企内顾问的专业技能水平、知识结构和服务意识都已接近顶层顾问，所缺乏的只是操作更大单子的机会和需要通过更多年限的积累来获得的行业洞见。

不过，顾问的专业化水平对猎企营收的影响并没有其他几个维度那么明显。换句话说，过去这些年，实现了高营收的猎企并不是因为其顾问的专业化水平高，而是因为在其他几个维度上没有太明显的短板。

正因为如此，在未来猎企的组织进化过程中，顾问专业化水平的提升将是一个必须被重视也正在日益被重视的维度。这可以从头部猎企在加强人才培养和培训的举动中看出，也可以从客户方的需求中看出——"高精特新"型公司和国际、国家、行业一流公司对高端人才的需求日益增长，会导致猎头服务需求从顶级猎企手中溢出。哪些猎企能够更多地接住这些溢出的需求？就看哪些猎企能够尽快提高自己团队顾问的专业化水平。当然，考虑到更广大的中低端职位需求，顾问的交付能力也还有很大的提升空间。

3. 从人力维度看

锐仕方达的人员规模是远超其他猎企的，这背后有一系列制度做保障，包括对运营成本，尤其是人力成本的控制。无论是已经上市的科锐国际，还是万宝盛华大中华区，抑或是营收在 2021 年接近 3 亿元的上海瀚仕，都在这个维度上有类似的优势。人员规模大，未必成本低，人力效率高，也未必成本低，能够合理控制运营成本，尤其是人力成本的猎企并不多。

对人力成本的优化是有边界的，一旦在这个维度做到极致了，就需要在其他维度发力了。

4. 从营销维度看

被业内认为很会进行营销的锐仕方达在很长一段时间里走的是老式

营销路线，即花钱砸广告，在互联网时代，锐仕方达采用的营销方式主要是买百度词条，让不熟悉猎头行业的目标客户通过搜索获知它，从而在早期为自己赢得了很多上门咨询的客户，在客户心目中树立起了大公司的品牌形象。

FMC 的营销主要由创始人陈勇推动，因为他持续进行文字输出、活动发言、对话其他同行，从老板到顾问，FMC 的市场口碑一直优于它的业绩表现。从成为公众号"大猎论道"的终生荣誉编辑，到《大猎论道》系列图书陆续出版；从自家公众号，到知乎账号，陈勇用他的个人 IP，不断地将 FMC 推介给公众。很多猎头顾问对自家猎企的经营理念不甚了解，但多少能说出"翻过三座大山""易分难长""PS 模式"等词汇，并对 FMC 的理论、模型和体系似曾相识，这都是陈勇持续努力的结果。

上海德筑（CGL）的营销手段更为立体，在行业内，用部分高产顾问的成绩打造高均产、操作大单的顾问群体形象；在行业外，为了吸引潜在客户和人才，鼓励所有合伙人参与各行各业的论坛和活动，在线上和线下积极地做分享嘉宾。2022 年春节前夕，上海德筑（CGL）的"三胎奖励"海报、"替客户直播卖货"海报等，一次又一次地刷屏猎头人的朋友圈，此外，在谷露星选活动前，它曾被"无意"中爆出拥有年度业绩 1450 万元的顾问——可以说，上海德筑（CGL）在发展过程中不断创造的新闻，让它的热度从来没有断过。

大家不难发现，如今，越来越多的猎企开始重视品牌打造、文化建设和对外宣传了，最明显的表现是越来越多的猎企开始运营公众号、视频号，不仅尝试开直播，还越来越频繁地参加线下行业内外的活动。竞争，已经从单纯地面向客户进行营销，发展到面向行业、面向人才进行营销了。

5. 从资源维度看

这里的资源主要指资本和数据。

先说资本，2017 年，科锐国际上市；2022 年，嘉驰国际获得 B 轮融资，走在 IPO 的路上；2018 年成立的上海德筑（CGL），在成立初期获得了猎聘一次性 2500 万元的投资和价值 2500 万元的猎聘股票；2019 年成立的信泊尔，在成立初期拿到了铜雀咨询 1000 万元的投资……这几家是拿到投资并依旧活跃在行业内的猎企代表，也有拿到投资后创业失败的猎企，比如英迈寰球。总体而言，凭纯粹的猎头业务拿到较大投资的猎企是极少的，大多数猎企在靠老板的自有资金维持运作。

再说数据，业内普遍认可的数据库系统是锐仕方达自行研发的，而在获取外部数据上，上海德筑（CGL）是业内公认的强者，它与猎聘、领英和脉脉均有战略合作关系，顾问们可以更高效、便捷地获取简历资源。

越来越多有规模的猎企开始在布局多元化人力资源业务的方向上发力，未来，会有更多上市猎企；越来越多的猎企开始重视对数据库的建设和管理，希望盘活自己的数据资源，跳出猎头业务本身，获得更多的发展机会，未来，数字化科技对猎头行业的改造不仅会提升顾问的效能、猎企的营收能力，还会为猎头行业带来更多变革、创造更多可能性。

对五个维度分别进行分析后，想效仿这些领先的猎企经营者们，应该从哪个维度切入呢？是应该先发挥长处，还是应该先补上短板？笔者的建议是，一要看清维度之间的关系，即如何分配有限的资源，"平均主义"是不可取的；二要看清自身公司所处的发展阶段，以及未来的目标愿景,即猎企经营者想带领大家去哪里、做什么。

第一点,图4-7、图4-8供大家参考。第二点,猎企经营者需要在创业初期及经营猎企的各个阶段时常问一问自己,反复确认自己是否想清楚了、自己的核心团队的想法是否和自己的想法一致。

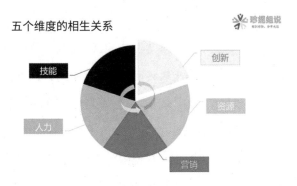

图 4-7　猎企发展中五个维度的相生关系

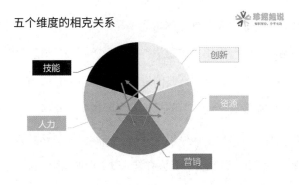

图 4-8　猎企发展中五个维度的相克关系

未来,猎企只有依托创新技术、支持有创造力的猎头顾问进行创新性劳动,才能持续进化,只有能够持续进化的猎企,才能在竞争中立于不败之地!

后记及鸣谢

新冠肺炎疫情进入大众视野的 2020 年春节期间，我萌发了创作此书的念头。

一日，深夜，我躺在床上辗转反侧，突然想到 2022 年是中国猎头行业迈入第 30 个发展年头的"周年"，一股莫名的冲动和使命感，令我萌生了写中国猎头行业发展史的念头。

经过几天的构思，我询问了科锐国际的高总、CGL 的庄总、FMC 的陈总等业内前辈的意见，他们都表示支持，我决心将想法付诸实际行动！

下定决心后，我首先买了采访类书籍、资料，学习了一个月，然后拟定采访对象，一一发出采访邀请、排定采访时间，最后有条不紊地进行采访、撰文。其中，最为耗时的是约见采访对象。因为在防疫期间，大家的行程安排多有不便，有的采访对象跟进了一年多才成功确定采访时间；有的采访对象在来上海出差时，见缝插针地与我对谈，聊完后已是繁星点点；也有一些既定的采访对象，由于种种原因，没有采访成功。总之，一路走来，从采访到撰文，从自己写出本书的基本内容到邀请业内各领域的同仁补充资料信息，用了两年有余。诸多不易，很难道尽，望大家对此书的纰漏之处多多包涵。

新型冠状病毒自 2019 年末闯入人们的生活，至今未完全离开，与该病毒共处的时间中，人们的消费习惯、生活方式都发生了诸多改变，比如，人们对线上买菜的接受度明显提高了不少，在家办公、通过网络学习也变得更为平常。这些改变，也许会成就新一代猎企的崛起，也许会导致老牌猎企运营模式的转变和创新……可以说是祸兮，福之所倚。

人力资源行业作为第三产业服务业中的分支，不常被人们熟知、重视，但其实，它是同铁路运输一样的民生根本之一，因为大国之争说到底是人才之争，公司发展的第一生产力就是人力。我写下这本猎头发展简史，既是为填补中国猎头行业发展史的记录空白，也是为时代做一个小小的、侧面的记录。

在此，请允许我衷心地感谢我的家人，尤其是我的先生孙鼎，他给予了我极大的支持、关注、鼓励，同时，我还要衷心地感谢所有为本书的创作做出过重要贡献的人们，包括但不限于接受采访的猎头前辈们。特别需要感谢的是以下这些同行（排名不分先后），他们为本书补充了不少有价值的信息，既有各自服务的行业的历史信息，也有个人的行业洞见。

主要服务地产行业：聂勇钢——上海索乐企业管理咨询有限公司，姚文生——深圳顶才猎头有限公司。

主要服务高科技行业：何鑫——上海脉图企业管理咨询有限公司，陈晓斌——上海瀚仕企业管理咨询有限公司。

主要服务互联网行业：范启明、潘虎、张述念——上海伯周企业管理咨询有限公司，赵亚凯——杭州黑云杉企业管理咨询有限公司。

主要服务金融行业：花少群——上海珏妙企业管理咨询有限责任公

司、刘汉文、杨松——上海贤驰企业管理咨询有限公司。

主要服务汽车行业：姚京——上海纬特施企业管理咨询有限公司。

主要服务快消品行业：郭涛——上海众猎企业管理咨询有限公司，潘丽华——Future Management Consulting（FMC）。

主要服务医药行业：左玲——奥火（上海）企业管理咨询有限公司，张利英——杭州对点人力资源管理有限公司。

除了写下中国猎头行业发展史外，我还邀请行业内的创业者们输出了一些自身对于创业、经营和行业发展的思考，这些创业者，从"60后"到"90后"，年龄不一，经历丰富且有趣。原本，我打算将他们的文章收录在本书内，但由于大家的写作风格各异，较难统一为逻辑清晰、体例一致的章节，不得不舍弃这部分内容。在此，我罗列展示这些文章的名称、创作者（文章按"创业之思""经营之思""发展之思"的分类进行排序），表达对他们的深深歉意和由衷感谢。

所属分类	文章名称	文章作者
创业之思	《我的猎头这些年》	信泊尔人力资源（上海）有限公司 创始人 何高军
	《在二线城市创业，我的苦与乐》	沃弗（大连）人力资源有限公司 创始人 魏鹏
	《依托平台做单的猎头顾问及猎企的出路之我见》	四川汉普森人力资源服务有限公司 创始人 刘军
	《在我心目中，一家理想的猎企是这样的》	上海瀚仕企业管理咨询有限公司 创始人 陈亮
	《点燃创业激情，逐梦星辰大海》	嘉驰国际X-GIANTS 创始人兼董事长 马士发

续表

所属分类	文章名称	文章作者
经营之思	《专注对于顾问及公司的意义》	道翔（上海）信息科技有限公司 联合创始人 张翔
	《我是这样打造高人效团队的》	募齐人才服务（上海）有限公司 创始人 张晶晶
	《我是这么看"做平台单"这件事的》	北京弘毅国际人力资源服务有限公司 创始人 张弘毅
	《组织需要系统的赋能，猎企并不例外》	深圳呗佬智能有限公司 创始人 & 首席执行官 李松毅
发展之思	《合伙人权利的三个维度与猎头组织的发展趋势》	Future Management Consulting（FMC）创始人 陈勇
	《站在行业的角度思考猎头人的未来》	青岛冰鉴人力资源有限公司 & 上海斯科人力资源顾问有限公司 创始人 刘汪洋
	《猎头平台，一颗冉冉升起的新星》	广州猎萌网络科技有限公司 联合创始人/首席运营官 曾臻
	《以人为本，以终为始，猎头行业的价值选择与价值创造》	上海德筑企业管理有限公司（CGL）创始人 & 首席执行官 庄华

经以上作者同意，我已将上述文章发表在自己的公众号"珍妮姐说"上，进入公众号主页，能够看到一个名为"中国猎头30年"的标签，专门收录上述文章。此外，我在B站"猎头职场-珍妮姐说"和小红书"职场人的珍妮姐"上都建了"中国猎头30年"合集，在合集中，大家可以陆续看到书内提到的各大猎企的创始人、创始成员等前辈为广大正在坚守的同人和打算入行的新人录制的寄语视频。

对这些内容感兴趣的读者可以自行搜索、查阅，二维码如下所示。

B 站：猎头职场 - 珍妮姐说　　小红书：职场人的珍妮姐　　公众号：珍妮姐说

本书能顺利出版，离不开北京大学出版社的编辑们对这类题材的支持！再次感谢所有为此书做出贡献的人们！

最后，我想说："亲爱的猎头人，广阔天地，大有可为，愿大家都能在这个致力于推动人岗匹配的岗位上挥洒自己的热血与青春、汗水与智慧，谱写属于我们的辉煌和荣耀，共同见证更美好的未来！"

在这个更美好的未来里，人才一定可以以更高效率、更低成本、更精准匹配的方式进行流动，每家公司、每个人才背后都会有服务他们的猎头顾问。大家以科技助力、业务创新、专业服务，为各行业的发展，在人力资源的维度上持续提供支持！